Criação publicitária em rádio

Luciana Panke

DIALÓGICA

SÉRIE MUNDO DA PUBLICIDADE E PROPAGANDA

EDITORA intersaberes

O selo DIALÓGICA da Editora InterSaberes faz referência às publicações que privilegiam uma linguagem na qual o autor dialoga com o leitor por meio de recursos textuais e visuais, o que torna o conteúdo muito mais dinâmico. São livros que criam um ambiente de interação com o leitor – seu universo cultural, social e de elaboração de conhecimentos –, possibilitando um real processo de interlocução para que a comunicação se efetive.

Rua Clara Vendramin, 58 | Mossunguê
CEP 81200-170 | Curitiba | PR | Brasil
Fone: (41) 2106-4170
www.intersaberes.com
editora@editoraintersaberes.com.br

Conselho editorial | Dr. Ivo José Both (presidente) | Dr.ª Elena Godoy |
Dr. Neri dos Santos | Dr. Ulf Gregor Baranow
Editora-chefe | Lindsay Azambuja
Supervisora editorial | Ariadne Nunes Wenger
Analista editorial | Ariel Martins
Preparação de originais | Didaktiké Projetos Educacionais
Edição de texto | Gustavo Piratello de Castro | Flávia Garcia Penna
Capa | Charles L. da Silva (*design*) | Una Shimpraga/Shutterstock (imagem)
Projeto gráfico | Silvio Gabriel Spannenberg (*design*) | TZIDO SUN/Shutterstock (imagens)
Diagramação | Regiane Rosa
Equipe de *design* | Silvio Gabriel Spannenberg | Mayra Yoshizawa |
Charles L. da Silva | Laís Galvão
Iconografia | Regina Claudia Cruz Prestes

Dados Internacionais de Catalogação na Publicação (CIP)
(Câmara Brasileira do Livro, SP, Brasil)

Panke, Luciana
    Criação publicitária em rádio/Luciana Panke. Curitiba: InterSaberes, 2018.
(Série Mundo da Publicidade e Propaganda)

    Bibliografia.
    ISBN 978-85-5972-824-8

    1. Jornalismo – Brasil 2. Publicidade 3. Rádio – Brasil 4. Rádio – Programas 5. Rádio digital I. Título. II. Série.

18-19827   CDD-070.194

Índices para catálogo sistemático:
1. Jornalismo e publicidade no rádio   070.194
2. Radiojornalismo   070.194

Iolanda Rodrigues Biode – Bibliotecária – CRB-8/10014

1ª edição, 2018.
Foi feito o depósito legal.
Informamos que é de inteira responsabilidade da autora a emissão de conceitos.
Nenhuma parte desta publicação poderá ser reproduzida por qualquer meio ou forma sem a prévia autorização da Editora InterSaberes.
A violação dos direitos autorais é crime estabelecido na Lei n. 9.610/1998 e punido pelo art. 184 do Código Penal.

Sumário

7 Prefácio
14 Apresentação
19 Como aproveitar ao máximo este livro

23 **1 Comunicação publicitária sonora**
29 1.1 O código linguístico: o idioma
34 1.2 O código dos ruídos: a sonoplastia
37 1.3 O código musical
39 1.4 O código do silêncio
40 1.5 O bom e velho amigo rádio
48 1.6 A especialização das emissoras

59 **2 Formatos da publicidade sonora**
71 2.1 Outros formatos
75 2.2 Propaganda institucional
78 2.3 Roteiro
83 2.4 Gêneros textuais e formatos radiofônicos

91 **3 *Spots* publicitários**
95 3.1 A locução
103 3.2 Palavra e emoção na criação de spots
113 3.3 O uso do humor

123 **4 A força dos *jingles***
127 4.1 Características dos *jingles*
134 4.2 Tipologia dos *jingles*

156 Estudo de caso
161 Para concluir...
165 Glossário
168 Referências
176 Apêndice – estúdio de gravação sonora
183 Respostas
188 Sobre a autora

Aos corajosos desbravadores da comunicação radiofônica.

À Editora InterSaberes, por confiar em meu trabalho.

À Gabriela, por me mostrar o valor do companheirismo.

Ao professor Clóvis Reis.

A Fidel Alvarenga Jr., Fernando Vieira e Evandro Couto.

A Vitor Albano, Marina Gobetti, Bianca de Araújo, Patricia Goedert Melo, Camila Lelis, Leonardo Silva, Leonardo Demantova, Mariana Saliba e Suian Alba.

E aos meus alunos da Universidade Federal do Paraná, por me proporcionarem novos conhecimentos e compartilharem comigo tantas alegrias.

Prefácio

A trajetória da publicidade radiofônica no Brasil está vinculada à evolução de conceitos tecnológicos, jurídicos e econômicos que ocorreu no país e no mundo no último século. De acordo com a percepção de mercado e a liberdade criativa de cada época, esse caminho pode ser dividido em quatro etapas distintas:

1) a descoberta dos formatos de anúncio, de 1922 a 1930;
2) a expansão e a consolidação dos investimentos, de 1930 a 1960;
3) as mudanças relacionadas à presença da televisão, de 1960 a 1980;
4) a transição para um novo modelo de mercado, a partir de 1980.

A reconstrução desse percurso histórico apresenta grandes dificuldades em razão tanto da escassa bibliografia sobre a publicidade radiofônica quanto das particularidades que caracterizam a organização do rádio no Brasil.

Nesse sentido, a obra *Criação publicitária em rádio*, de Luciana Panke, propõe-se a suprir parte dessa lacuna ao abordar elementos que evidenciam a importância desse meio de comunicação para a propagação de produtos e de ideias. A autora expõe desde os conceitos básicos das transmissões radiofônicas até as tendências da comunicação atual, inserida num contexto de convergência multimidiática, em que o rádio deixa de ser uma mera ferramenta de difusão publicitária e passa a ser um meio dedicado à produção de conteúdos sonoros para diferentes plataformas.

Ainda assim, a atuação desse meio de comunicação continua sendo basicamente local, e a participação dos grandes grupos de comunicação na gestão das emissoras se subordina a um marco legal que, na prática, reduz a atuação das cadeias de comunicação a determinadas zonas geográficas do país. Tal condição provoca o isolamento das estações radiofônicas do interior e produz a atomização da estrutura empresarial do setor.

O rádio inaugurou suas difusões no Brasil em 7 de setembro de 1922, com a histórica transmissão do discurso do Presidente Epitácio Pessoa na festa do Centenário da Independência, realizada no Rio de Janeiro. Depois das comemorações, os serviços se interromperam, e o "telefone sem fio" – como a imprensa da época batizou o rádio – iniciou suas atividades regulares somente em 20 de abril de 1923.

O êxito da iniciativa rapidamente se estendeu a diferentes partes do país, e o rádio se desenvolveu de modo acelerado nos anos seguintes. As primeiras emissoras tinham em sua denominação as palavras *clube* ou *sociedade*, porque – como ocorria em outros países – surgiam como associações formadas por entusiastas que acreditavam nas possibilidades do novo meio de comunicação.

Nos primeiros anos, a programação radiofônica compreendia a apresentação de óperas, música clássica e concertos de piano. As emissoras atuavam como entidades sem fins lucrativos, mantidas essencialmente pela contribuição econômica de seus associados. Entretanto, gradualmente, elas instituíram o "fundo de *broadcasting*", uma espécie de patrocínio aos programas – uma publicidade que consistia exclusivamente na alusão ao nome das empresas que os apoiavam e que era realizada no início e no fim das transmissões. O patrocínio foi o primeiro formato de anúncio do qual se tem alguma referência documentada e constitui uma questão-chave na história da publicidade radiofônica no Brasil.

O passo inicial para a constituição do rádio com finalidade comercial se deu entre os anos 1925 e 1930, por meio dos avanços técnicos nos sistemas de transmissão, da popularização dos aparelhos e da inserção regular de anúncios na programação. Com o advento da publicidade, as emissoras passaram a mesclar música popular, esportes e informação de atualidade em sua veiculação. Surgia, assim, o conceito de audiência no rádio.

Nessa época, a imprensa se sustentava com recursos publicitários reduzidos e, por isso, enfrentava muitas dificuldades para a distribuição de seu produto em âmbito nacional. Além disso, o país contava com um número elevado de analfabetos, o que tornava os jornais um artigo de luxo.

O rádio, por sua vez, tinha ouvintes distribuídos pelo território nacional e se dirigia a todas as classes sociais. O aporte de recursos publicitários começava a dar solidez aos negócios e o meio radiofônico se desenvolvia por meio da iniciativa privada, que administrava as emissoras com filosofia empresarial.

O perfil cultural-educativo deu lugar a quadros destinados ao entretenimento e, para manter um padrão de qualidade diante da concorrência, impulsionou-se o profissionalismo. Ao final da década de 1920, a publicidade radiofônica já era empregada sob diferentes formatos, que incluíam: a apresentação de mensagens de forma improvisada pelo condutor do programa, sem qualquer preparação técnica anterior; a leitura de propagandas publicadas na imprensa ou de textos especialmente preparados para o rádio; a divulgação de peças publicitárias durante o intervalo comercial; e a emissão de reclames musicais. Beneficiado com o crescimento do setor publicitário entre os anos 1922 e 1930, o meio de comunicação se expandiu e se consolidou, e o investimento nesse meio rapidamente superou os recursos destinados à publicidade exterior.

O rádio e a publicidade radiofônica viveram seu período dourado entre as décadas de 1930 e 1960. As emissoras criaram o Departamento Comercial, a redação de anúncios incorporou os primeiros redatores especializados em propaganda e surgiu, no Rio de Janeiro, a primeira empresa especializada no controle de emissão de anúncios.

O êxito do rádio despertou o interesse do Governo Federal, que editou o Decreto-Lei n. 21.111, de 1º de março de 1932, (Brasil, 1932), regulamentando a difusão de publicidade nesse veículo e limitando o tempo total destinado à emissão dos anúncios a 10% da programação diária. O decreto foi o primeiro documento legal do qual se tem conhecimento no âmbito da publicidade radiofônica, e sua promulgação ocorreu em um momento em que o rádio já estava comprometido com a difusão de anúncios – fonte de financiamento que assegurava sua sobrevivência.

Esse foi o momento de máximo prestígio publicitário do rádio. As agências e os anunciantes exerciam uma grande influência na oferta programática das estações. As agências criavam e produziam os quadros a serem veiculados, ao passo que as emissoras, basicamente, vendiam espaço para sua divulgação. De fato, esse meio de comunicação exerceu uma grande influência no mercado publicitário até a década de 1950, quando a primeira emissora de televisão do Brasil inaugurou suas atividades. A partir de então, o rádio passou a exercer menor influência no mercado publicitário, sendo que a redução nos investimentos ameaçou a qualidade da programação e a viabilidade econômica dos negócios.

Nas décadas de 1960 e 1970, a televisão se popularizou, diminuindo a influência, a audiência e a fatia do bolo publicitário destinada ao rádio. Em geral, as emissoras abandonaram as produções artísticas de grandes orçamentos e ingressaram no formato de música e informação. Sem desfrutar da mesma importância dentro dos lares, a alternativa para o rádio foi encontrar sua audiência nos carros e nas ruas, beneficiando-se do desenvolvimento das indústrias de transistores e de automóveis.

Surgiram as estações que transmitiam em FM (frequência modulada), que se popularizaram na década de 1970. A programação era exclusivamente musical e se constituía no acontecimento de maior impacto no negócio radiofônico desde o surgimento da televisão. As transmissões em FM produziram uma mudança profunda na oferta programática das emissoras e também repercutiram no âmbito dos investidores publicitários, reanimados com as vantagens desse segmento de audiência, que oferecia conteúdos especializados. O setor se reorganizou e deu sinais de recuperação. Entretanto, a reconquista do espaço radiofônico no mercado ocorria mais lentamente do que era esperado, e o rádio terminou os anos 1970 como um coadjuvante na divisão do bolo publicitário.

A década de 1980 começou com uma série de eventos importantes no mercado radiofônico, entre os quais se destaca a formação de redes com atuação nacional. As estações associadas às redes recebiam, ao mesmo tempo, programas e anunciantes. Outra inovação foi a instalação das agências de produção radiofônica. Além dos programas, elas garantiam os patrocinadores e ofereciam às emissoras uma cota de participação na receita publicitária dos espaços destinados à publicidade.

De todo modo, a partir da década de 1990, aumentou a competição com novos meios e novas formas de promoção publicitária, que desafiavam o futuro do rádio como negócio. Nesse período, ganharam espaço serviços como a televisão por assinatura, a internet e as diferentes formas de *marketing*, como o direto, o de relacionamento, o promocional, o esportivo e o social. Tudo isso produziu uma mudança profunda no panorama dos meios de comunicação e impôs um desafio para o rádio: Como frear o avanço da concorrência sobre sua cota de participação no bolo publicitário?

Como resultado do avanço das novas tecnologias de informação e comunicação, e para se adequar à nova realidade do mercado, o negócio radiofônico iniciou uma reorganização. As redes de emissoras se fortaleceram, e o capital das empresas se abriu à participação de investidores estrangeiros. Consolidaram-se as centrais de rádio encarregadas de atrair o investimento dos grandes anunciantes, e grupos de profissionais animaram a discussão sobre o futuro do setor.

O rádio comercial no Brasil entrou no novo milênio marcado pela renovação e pela esperança de recuperar sua participação nos investimentos publicitários. Ele é um sobrevivente e, neste momento de convergência midiática, aproveita sua história para reinventar a própria existência.

Dessa forma, a discussão que Luciana Panke promove nesta obra testemunha a vivacidade da mídia sonora na atualidade e estimula estudantes e profissionais a refletir sobre suas práticas diante das mudanças ensejadas pela renovação do paradigma tecnológico.

Clóvis Reis
Doutor em Comunicação e autor de Propaganda no rádio: os formatos de anúncio[1]

---

1 REIS, C. **Propaganda no rádio**: os formatos de anúncio. Blumenau: Edifurb, 2008.

Apresentação

Presente no Brasil há quase um século, o rádio faz parte do cotidiano dos brasileiros, seja para entreter, seja para informar. Segundo a *Pesquisa Brasileira de Mídia* (Brasil, 2016), da Secretaria de Comunicação Social da Presidência (Secom), 35% dos brasileiros ouvem rádio todos os dias. Dos entrevistados, 63% ouvem em aparelhos tradicionais; 17%, na *internet*; e 14%, no carro. As emissoras FM (frequência modulada) são mais ouvidas do que as AM (amplitude modulada): 79% contra 14%. O levantamento mostrou que dois de cada três brasileiros ouvem rádio, contrariando impressões de que o veículo estaria caindo em desuso. Saber sobre o rádio e sua forma de alcançar todo esse público, portanto, é fundamental para os profissionais da área de publicidade e propaganda.

Mais do que discutir a plataforma radiofônica, pretendemos, nesta obra, abordar a comunicação publicitária sonora. O áudio, como recurso informativo, pode viabilizar o contato com públicos que não têm acesso à informação de outra maneira, além de reforçar mensagens já expressadas por outros meios. Portanto, nossa ênfase recairá sobre o uso da publicidade no rádio, sem esquecer que há outras formas de se fazer publicidade sonora.

No Brasil, especialmente nas agências de comunicação, os termos *publicidade* e *propaganda* podem ser usados como sinônimos. Porém, etimologicamente, há uma diferença entre eles: *publicidade* se origina do latim *publicus* e se refere ao ato de "tornar algo público", "divulgar"; por sua vez, *propaganda*, também derivada do latim, *propagare*, significa "plantar", por isso está relacionada a ideologias. Entretanto, na prática comunicativa, ambos se mesclam. Isso significa que as peças de comunicação publicitária, mesmo que tenham o intuito da venda explícita, apresentam em sua composição elementos que reforçam determinadas ideologias. Na comunicação mercadológica, encontram-se aspectos ideológicos, e a propaganda nunca é gratuita – ela é paga pelos cidadãos de todas as maneiras, por meio de impostos ou de filiações partidárias, por exemplo. Ainda que o objetivo deste livro não seja conceituar palavras, essa definição é pertinente para esclarecer que, a partir de agora, os dois termos serão usados como sinônimos.

Outro conceito a ser ressaltado é que uma das principais características da linguagem humana é o uso da persuasão. O tempo todo as pessoas se expressam para convencer alguém de um ponto de vista, seja de forma consciente, seja de forma inconsciente. Quem nunca tentou fazer com que outra pessoa mudasse de comportamento? Na comunicação publicitária, a persuasão é explícita. A marca é apresentada junto com suas vantagens, suas características, suas promessas de satisfação. Os códigos de comunicação, conforme será visto no decorrer do livro, são os responsáveis por montar as mensagens. Sistematizados, eles auxiliam o profissional da publicidade a alcançar o objetivo de seu contratante: a venda do produto, o posicionamento de mercado, o reforço da marca, o gerenciamento de crises etc.

John Berger (1999) defende que a essência da publicidade é tornar o público ligeiramente insatisfeito com seu modo de vida atual. Dessa forma, as pessoas veriam no ato da compra uma maneira de satisfazer suas carências e reforçar sua autoestima. Nesse sentido, as peças publicitárias são criadas com base em escolhas propositais de cores, formas, sons, diálogos, imagens e locais de veiculação. Nada é aleatório – ou, melhor dizendo, nenhuma escolha no processo de comunicação publicitária deveria ser aleatória, sem a definição consciente de códigos, havendo a necessidade de planejamento estratégico, mensuração de resultados e avaliação midiática.

No entanto, nem sempre haverá cores, formas e imagens estáticas ou em movimento disponíveis para serem utilizadas em uma criação. Além disso, quando o veículo é considerado *unimídia*, ou seja, utiliza apenas uma forma de materialização do conteúdo, como é possível criar algo interessante? A utilização dos códigos sonoros de maneira estratégica é que torna possível provocar tatilidade e sinestesia no público.

Tendo isso em vista, nosso objetivo é aprofundar a discussão sobre a comunicação publicitária sonora – um recurso presente em nosso cotidiano e internalizado nas rotinas de consumo. Para isso, serão analisados os aspectos criativos desse tipo de publicidade no decorrer de todo o livro, pois a criação permeia o processo publicitário em sua plenitude.

Dessa maneira, sistematizamos o conteúdo do livro em quatro partes. Inicialmente, no Capítulo 1, apresentaremos a comunicação publicitária sonora e os elementos envolvidos em sua realização. Discutiremos sobre as ferramentas que o profissional criativo tem a sua disposição quando da criação de anúncios para o rádio e como ele deve usar estrategicamente o som.

Em seguida, no Capítulo 2, trataremos dos formatos atuais de publicidade sonora e de suas principais tendências, visto que as emissoras de rádio brasileiras estão se reinventando a todo momento. Veremos também que há modos variados pelos quais anunciante e consumidor podem ser unidos, e conhecê-los é importante para saber quais deles escolher na montagem do *briefing* de uma campanha.

No Capítulo 3, detalharemos o processo de produção da publicidade sonora em seu formato mais tradicional: o *spot*. Nesse sentido, demonstraremos que a estrutura narrativa pode – e deve – apropriar-se da arte de contar histórias para entreter e surpreender o ouvinte. Além disso, as "histórias" contadas pela publicidade devem ser lembradas pelo público e, por isso, é necessário utilizar técnicas de memorização para tornar a mensagem o mais inesquecível possível.

Por fim, no Capítulo 4, descreveremos o papel da música nas peças publicitárias. Dedicaremos especial atenção aos *jingles* (anúncios cantados), que dispõem de uma tipologia própria que apresenta variações conforme o objetivo principal de sua utilização.

Além disso, para facilitar a compreensão dos assuntos discutidos, apresentaremos, ao final de cada capítulo, um resumo com os principais tópicos e algumas sugestões de exercícios.

Devemos lembrar, ainda, que a excelência da criação publicitária advém com a prática. Nem sempre se tem uma grande ideia, mas, conhecendo os recursos adequados e disponíveis, podem surgir anúncios de qualidade e que cumpram a missão pretendida. Em síntese, podemos afirmar que, em uma sociedade tão acostumada com imagens, faz toda a diferença ser um excelente profissional do áudio, que saiba usar sua própria imaginação no desenvolvimento de belas campanhas publicitárias.

Então, desejamos a você uma boa leitura!

Como aproveitar ao máximo este livro

Este livro traz alguns recursos que visam enriquecer seu aprendizado, facilitar a compreensão dos conteúdos e tornar a leitura mais dinâmica. São ferramentas projetadas de acordo com a natureza dos temas que vamos examinar. Veja a seguir como esses recursos se encontram distribuídos no decorrer desta obra.

Conteúdos do capítulo

- Comunicação pub...
- Comunicação son...
- Os sons e a audiçã...
- Códigos de lingua...
- O rádio.

Conteúdos do capítulo Logo na abertura do capítulo, você fica conhecendo os conteúdos que nele serão abordados.

Após o estudo deste capítulo, você será capaz de:

1 distinguir os códigos da...
2 realizar a produçã...
3 compreender as f...

Após o estudo deste capítulo, você será capaz de: Você também é informado a respeito das competências que desenvolverá e dos conhecimentos que adquirirá com o estudo do capítulo.

Perguntas & respostas

Na publicidade radiofô[...]
rodar nos períodos de i[...]
Não. Há outros formatos[...]
disso, é possível inserir a[...]
decorrer dos programas com a pr[...]
por exemplo.

Em termos de redação, quais cam[...]
Lembre-se de que o rádio permite[...]
Assim, convém usar expressões d[...]

> **Perguntas & respostas** Nesta seção, a autora responde a dúvidas frequentes relacionadas aos conteúdos do capítulo.

Importante!

Recursos linguísticos

[...]poimentos testemunhais [...]
[...]ssoas a favor da causa ou do[...]
[...]eu uso. Exemplo: Sou um fa[...]
[...]nbém uso esses chinelos.
[...]gumentos racionais basea[...]
concretos: Compõem-se de nú[...]
que dão a impressão de serieda[...]
produto. Exemplo: Nossos test[...]

> **Importante!** Algumas das informações mais importantes da obra aparecem nestes boxes. Aproveite para fazer sua própria reflexão sobre os conteúdos apresentados.

Síntese

Neste capítulo, observamos que a [...]
apresenta vários formatos que pod[...]
ou em outras plataformas[...]
mais recorrentes: *spot*, te[...]
ou patrocínio, *merchandi*[...]
programete (conteúdo), [...]
De todos eles, o *spot* é o mais utiliz[...]
cultural ou patrocínio.

Também discorremos sobre as mod[...]
que podem ser usadas nesses form[...]

> **Síntese** Você dispõe, ao final do capítulo, de uma síntese que traz os principais conceitos nele abordados.

Mãos à obra

1) Reúna-se com alguns amigos o[...] reproduzir os seguin[...] salto alto, temporal, [...] supermercado.

2) Em posse de aparelh[...] áudio, organizem-se em quatro [...] gravar a peça do Quadro 1.1, a s[...] com uma voz feminina; outro g[...] tom, mas com voz masculina; e[...]

> **Mãos à obra** Nesta seção, a autora o convida a realizar atividades práticas relacionadas ao conteúdo do capítulo, desafiando-o a transpor os limites da teoria.

Questões para revisão

1) Quais são as formas de escuta r[...]
   [...]e explique os códigos de co[...]
   [...]ue V para as afirmativas ve[...]
   [...] *grão de voz* corresponde à[...]
   [...]a voz.
   [...] texto radiofônico deve se a[...]
   [...]missora que será veiculado.
   ( ) [...] hábito de *zapping* surgiu c[...]
   ( ) O texto radiofônico deve ser [...]

> **Questões para revisão** Com estas atividades, você tem a possibilidade de rever os principais conceitos analisados. Ao final do livro, a autora disponibiliza as respostas às questões, a fim de que você possa verificar como está sua aprendizagem.

Questões para reflexão

1) Escute um anúncio publicitário [...] acordo com os seguintes tópic[os:]
   - Oralidade.
   - Sonoplastia.
   - Música.
   - Silêncio.

2) Ouça emissoras de estilos dife[rentes...] as variações na programação [...] rádio de baixa, média ou alta [...]

Questões para reflexão Nesta seção, a proposta é levá-lo a refletir criticamente sobre alguns assuntos e trocar ideias e experiências com seus pares.

Estudo de caso

Campanha #ValorizaU[FPR]

Este é um caso real envolv[endo] entre a Superint[endência de Comuni]cação e Marketi[ng...] disciplina de Pr[odução de] Áudio, ambos d[a...] Paraná (UFPR). [A...] campanha contou com a [...] alunos da universidade.

A Sucom iniciou em 2017 [...]

Estudo de caso Esta seção traz ao seu conhecimento situações que vão aproximar os conteúdos estudados de sua prática profissional.

1
Comunicação publicitária sonora

Conteúdos do capítulo

- Comunicação publicitária.
- Comunicação sonora.
- Os sons e a audição.
- Códigos de linguagem sonora.
- O rádio.

Após o estudo deste capítulo, você será capaz de:

1. distinguir os códigos da linguagem sonora;
2. realizar a produção de peças sonoras;
3. compreender as formas de escuta radiofônica.

A comunicação publicitária se caracteriza pela utilização de diversos modos de linguagem, adaptados a cada veículo de comunicação, cujo intuito é mudar, fortalecer ou manter a opinião do público sobre determinado produto. Nesse sentido, a publicidade é um elo entre o anunciante e o consumidor e, portanto, uma campanha pode adotar estratégias e instrumentos variados para alcançar suas metas.

A fim de unir anunciante e público, a publicidade, mais do que informar, utiliza estratégias criativas e de sedução para a elaboração de suas mensagens. Além disso, adapta enredos conforme aquilo que é estipulado como instrumento de veiculação. Dessa maneira, recorrer a sentimentos – esperança, amor, alegria, drama etc. – e à contação de histórias faz parte do processo criativo. "Aos criativos, convém lembrar que as boas histórias – capazes de transformar a experiência humana em algo sensível – sempre produzirão contágio" (Carrascoza, 2014, p. 158).

Entre os instrumentos que podem ser utilizados na publicidade estão os veículos de comunicação sonora, dos quais o rádio é o mais conhecido. Neste livro, daremos enfoque à produção radiofônica, mas sem deixar de mencionar as outras plataformas desse tipo. E, antes de falar sobre elas, é fundamental abrir um espaço para conversar sobre o que está disponível para que a comunicação sonora seja materializada.

> A comunicação sonora é composta pela linguagem linguística (idioma, tom, voz, plasticidade); linguagem de ruídos (sonoplastia, sons do cotidiano, simulacros do real); linguagem do silêncio (propicia a pausa necessária para assimilação de determinadas mensagens, gera o efeito de suspense, destaca informações) e linguagem musical [trilha, *jingle*]. (Panke, 2015, p. 85-86)

Para analisar cada um desses aspectos, é importante ressaltar que os sons recebem significados variados conforme são combinados entre si e de acordo com quem os recebe.

Como exemplo desse conceito, sugerimos o seguinte teste: brinque com os sons, busque ruídos de seu cotidiano e mescle com outros para ver que efeitos essa mistura produz. Esse exercício é bem divertido e abre boas possibilidades de criação.

Miguel Angel Ortiz e Jesus Marchamalo (2005) argumentam que os sons podem trazer memórias afetivas individuais ou coletivas. Seriam relações universais (sons conhecidos institivamente, como a chuva e a risada) culturais (sons reconhecidos por determinada sociedade, como vinhetas midiáticas e apito do trem – sim, há locais em que esses sons não são conhecidos) e de cunho individual (sons que remetem a lembranças pessoais e independem do que é partilhado pelo grupo; por exemplo, uma pessoa ouve uma música e é transportada de volta ao local relacionado àquela lembrança). Ainda que pareçam subjetivas, essas relações devem ser levadas em consideração na elaboração de uma mensagem publicitária sonora, fazendo com que as escolhas sejam coerentes com o posicionamento da marca e gerem sensações positivas no público-alvo. Portanto,

> os sons recebem três formas de associação: como criador de sensações, associados a imagens ou situações conhecidas ou à memória afetiva. Na primeira esfera, estão os sons de conhecimento universal, como o barulho da chuva. Geralmente, eles provocam sensações semelhantes nos ouvintes. No segundo momento, estão os sons reconhecidos dentro de determinada cultura, mesmo que não existam na realidade imediata.

Por exemplo, sons de armas *laser*, divulgados por outros meios de comunicação de massa, como o cinema. (Ortiz; Marchamalo, 2005, citados por Panke, 2008a, p. 798)

Também estão na categoria de **associação cultural** as vinhetas de programas, como a do *Plantão da Globo*, já conhecida no Brasil, mas provavelmente estranha para moradores de outras partes do mundo.

O terceiro e último nível, que norteia a memória individual do que foi vivido, é o único que não se pode prever em uma produção comercial, pois depende unicamente de um aspecto subjetivo. Já os outros dois níveis devem ser considerados ao se criarem peças sonoras.

Além dessas associações, a memorização e a inteligibilidade de qualquer mensagem sonora dependem, e muito, da disposição do ouvinte. É importante lembrar que as pessoas nem sempre estão totalmente concentradas em uma escuta sonora. A maioria, de fato, ouve passivamente o rádio, tendo as músicas, as entrevistas e toda a programação como uma companhia durante a realização de outras atividades. Um dos maiores desafios é, justamente, usar de maneira estratégica os recursos disponíveis para tirar o ouvinte da distração. Para Júlia Lúcia de Oliveira Albano da Silva (1999, p. 62), "O que move o ouvinte do seu estado de ouvir para o de escuta atenta está na experiência que este pode ter com a materialidade do som".

> A memorização e a inteligibilidade de qualquer mensagem sonora dependem, e muito, da disposição do ouvinte.

Assim, a forma como as pessoas ouvem o rádio pode ser classificada em três graus, e quase sempre a escuta radiofônica é passiva. No primeiro grau, o que se ouve serve apenas como **som ambiente** enquanto outras tarefas são realizadas. No segundo grau, o rádio funciona como companhia. Nesse caso, o ouvinte pode cantar a canção que está sendo transmitida enquanto faz suas atividades. Já no terceiro grau, o ouvinte aumenta o volume do rádio quando percebe alguma informação de seu interesse. A *Pesquisa Brasileira de Mídia* (Brasil, 2016, p. 28), da Secretaria de Comunicação Social da Presidência (Secom), mostra que 37% dos entrevistados "Faz alguma atividade doméstica" enquanto ouve rádio, o passo que ações como "Come alguma coisa", "Usa o celular" e "Conversa com outra pessoa" são realizadas, cada uma, por 17% dos participantes da entrevista. Essas formas de escuta passiva representam grandes desafios aos profissionais envolvidos na elaboração de produtos sonoros para que conquistem e mantenham a audiência.

Já a escuta ativa ocorre apenas quando o ouvinte seleciona determinada programação e interrompe suas atividades para ouvi-la. Chama a atenção o fato de que, da totalidade dos entrevistados pela pesquisa (Brasil, 2016, p. 29), 18% afirmam que "Não faz duas atividades ao mesmo tempo". Para José Javier Muñoz e César Gil (1986, citados por Ortiz; Marchamalo, 2005, p. 19), "A escuta sustentada ou ativa é aquela própria dos ouvintes interessados em um espaço ou espaços determinados, capazes de captar e manter sua atenção de modo voluntário e consciente". É preciso, portanto, que os códigos sonoros seduzam o ouvinte pelas vias centrais ou periféricas de atenção. Nesse sentido, vale lembrar Umberto Eco (1993, p. 319), para o qual "O magnetismo do executante e o magnetismo do público são parte essencial de uma audição musical tradicional, introduzindo na audição uma cota de 'teatralidade' que não nega, mas caracteriza o rito musical".

Por sua vez, Mônica Panis Kaseker (2012, p. 27), citando Roland Barthes (1995), argumenta que a escuta tem três níveis: o primeiro representa a percepção física sonora; o segundo ocorre quando os sons são decifrados; e o terceiro, quando existe interação social. Nas sociedades urbanas, escutar é um dos atos mais difíceis, pois a profusão de ruídos intensos e misturados ininterruptamente acaba exigindo atenção e interesse redobrados do receptor. Portanto, *ouvir* (isto é, ter acesso ao som físico) não significa necessariamente "escutar", "compreender" ou "absorver" a mensagem. Por isso, há a necessidade de se repetirem informações em uma peça radiofônica.

Com esses pontos esclarecidos, agora vamos analisar os variados aspectos da comunicação adotados nas peças de publicidade sonoras: o código linguístico, o código dos ruídos, o código musical e o código do silêncio.

1.1
O código linguístico: o idioma

Cada **idioma** tem um sistema de regras próprias que varia conforme sua manifestação. Isso significa, por exemplo, que nem sempre as regras gramaticais são seguidas na oralidade. Muitas vezes, as pessoas falam de uma maneira e escrevem de outra. Aqui, encontra-se uma das particularidades da comunicação sonora: a consciência de que o texto falado é feito para ser escutado, e não lido. Assim, a mensagem deve ter características semelhantes ao que se ouve no dia a dia, ainda que respeitando-se as normas básicas da gramática.

Tomemos o seguinte exemplo: em uma conversa, os interlocutores utilizam frases curtas e efetuam pausas para a respiração, mesmo nos momentos em que estão mais empolgados. O vocabulário que usam também é mais simples e seu tom de voz pode indicar como estão se sentindo naquela ocasião. Mesmo quem não os conhece bem é capaz de perceber, pela entonação, parte do significado da mensagem. Isso acontece porque a voz permite modulação, ritmo e inflexão. Essas características podem ser encontradas também nas mensagens transmitidas por outras mídias sonoras, como alto-falantes, áudios em veículos móveis, *podcasts* e plataformas *on-line*.

> Embora todos os elementos que compõem e conformam a obra radiofônica, inclusive o seu texto, devam estar no mesmo ritmo, é no momento da comunicação mediada pela voz que este texto passa a existir e a adquirir dimensões, muitas vezes além das previstas; portanto, é na locução que a palavra torna-se **acontecimento**, o trânsito contínuo entre escrita e oralidade. (Silva, 1999, p. 66, grifo nosso)

Para Robert McLeish (2001, p. 19), a voz é um dos principais recursos para reforçar a marca do veículo: "A grande vantagem de um meio de comunicação auditivo sobre o meio impresso está no som da voz humana – o entusiasmo, a compaixão, a raiva, a dor e o riso". Assim, a diversidade de vozes utilizadas nos meios sonoros – sobretudo nas peças publicitárias – é uma das responsáveis por gerar vitalidade nesse tipo de comunicação. No Capítulo 3, falaremos mais sobre locução e voz, mas desde já é importante ressaltar que diferentes tipos de voz provocam diferentes tipos de reação nos ouvintes.

Dessa forma, a voz oferece ao rádio certa personalidade (Panke, 2008a), pois é capaz de transmitir mais do que um discurso falado. As informações adicionais proporcionadas pela voz se referem à entonação, à atitude, ao timbre e àquilo que Barthes (1973), citado por Eduardo Meditsch (1997, grifo do original), classifica como "**grão de voz**". Segundo o autor, esse componente carrega elementos adicionais que revelam origem social e regional e estado de espírito presente na narração, afastando qualquer neutralidade pretendida em uma locução. "O grão da voz é tanto mais importante na medida em que se considere as diversas funções semióticas que desempenha na comunicação radiofônica" (Meditsch, 1997). Portanto, por mais que haja um esforço do locutor, **não existe narração totalmente neutra**.

Ainda que nas peças sonoras, na maioria das vezes, quem está falando não possa ser observado, os gestos na hora da gravação ajudam a dar à mensagem o tom que se espera.

> A linguagem verbal é o nosso veículo de comunicação mais importante, mas, ao dialogarmos, a fala vem acompanhada de gestos, sons e de posturas mediante os quais nos comunicamos de forma não-verbal. O emprego simultâneo da comunicação verbal e não-verbal constitui um elemento extremamente importante da nossa cultura. Encontramos os dois tipos no teatro, cinema, televisão, história em quadrinhos e na maior parte dos anúncios. (Vestergaard, 1994, p. 13)

Desse modo, profissionais que trabalham com locução e com teatro desempenham suas atividades tendo em vista a plasticidade vocal e a execução de um simulacro da realidade. Isso significa que a voz pode variar de maneira a enaltecer, a destacar ou a imprimir sentidos. Para Adriano Duarte Rodrigues (1996, p. 53), "A plasticidade dos sons da linguagem dá a ver, neste caso, a totalidade da realidade. O mecanismo utilizado para atingir este efeito é por isso a sinestesia entre o ouvido e o conjunto de sentidos pelos quais apreendemos a realidade". A possibilidade, portanto, de editar, dirigir e mixar áudios oferece inúmeros recursos criativos que devem ser valorizados pela equipe de criação. Junto com a plasticidade, que é a capacidade de transformação das palavras conforme a utilização do som, está a tatilidade, ou seja, a capacidade de sentir os sons por outros meios que não apenas sonoros. Segundo Silva (1999, p. 59), "a ausência do corpo do intérprete, característica desta performance mediatizada, não implica necessariamente a perda do seu aspecto tátil. A tatilidade também se transforma, adequando-se ao novo perfil do auditor e do meio".

Para essa autora, a mediação da voz proporciona a **oralidade mediatizada** (Silva, 1999), na qual é possível afirmar que as palavras perdem espontaneidade por causa de elementos como microfone, estúdio e aparatos técnicos, ou seja, a presença da tecnologia cria um novo produto. Dessa forma, a oralidade mediatizada é toda oralidade que ocorre pelos meios de comunicação sonoros e que pretende, sem sucesso, ser natural, fracassando em seu objetivo por conta da contextualização e dos aparatos tecnológicos. Por isso, na redação de conteúdos para rádio, há uma busca pela naturalidade, mas o fato de haver um texto previamente escrito e uma pré-gravação dele, com edição sonora, gera inevitavelmente um simulacro de naturalidade. Isso explica, também, porque alguns *spots* soam tão falsos para nós: a má interpretação vocal dos atores e o excesso de sonoplastia na hora da produção são os principais motivos.

Silva também alerta que

> A voz na performance do locutor apresenta a sua materialidade como recurso para superar o aspecto referencial e redundante que tem predominado nas locuções radiofônicas num estilo referencial/ narrativo que age apenas como suporte, como meio para a comunicação de um texto verbal-oral regido pelas convenções que dão significado aos símbolos, originando como resposta do ouvinte o desinteresse em virtude da pasteurização sonora [...]. (Silva, 1999, p. 62)

Os textos em rádio, portanto, são escritos para dar a impressão de serem espontâneos. Meditsch (1997) classifica isso como uma das características do veículo: o "planejamento da fala espontânea", justamente para que o conteúdo se aproxime da oralidade cotidiana. O autor observa também que

> a **naturalidade** que passou a ser perseguida como um valor pelos profissionais do rádio só pode ser comparada com aquela pretendida anteriormente pelo cinema, para distinguir a sua forma de representação dos modos exagerados da atuação teatral desenvolvidos nos palcos. (Meditsch, 1999, grifo do original)

O tom e a entonação da voz informam muito sobre as condições de produção, o estado de ânimo dos locutores e a conotação dos dados. São formas de subtextos implícitos que auxiliam na condução da interpretação pretendida para aquele conteúdo. Conforme o local em que o áudio será veiculado, são alteradas a conotação e a possível interpretação da mensagem.

A linguagem radiofônica é classificada por Meditsch (1997) como *supertexto*, porque seu aspecto linguístico se diferencia da oralidade propriamente dita e agrega elementos não possíveis no cotidiano, como a edição de trilha sonora, a sonoplastia, as pausas programadas e o tempo contado. O autor complementa afirmando que "o supertexto radiofônico se caracteriza não apenas pela agregação de um subtexto ao texto propriamente dito, mas também pela sua enunciação em tempo real" (Medistch, 1997). Essa enunciação equivale ao que Gisele Swetlana Ortriwano (1985) classifica como **instantaneidade**, ou seja, a mensagem é recebida imediatamente, no momento de sua emissão, ao contrário de outros meios, cujas produção e veiculação de conteúdo ocorrem em momentos distintos da recepção.

O tom e a entonação da voz informam muito sobre as condições de produção, o estado de ânimo dos locutores e a conotação dos dados.

Mesmo considerando a linguagem oral central na comunicação sonora, outros códigos são indispensáveis, como veremos nos próximos tópicos.

1.2
O código dos ruídos: a sonoplastia

Para as pessoas que dispõem do sentido da audição em condições normais, muitas vezes os sons cotidianos passam despercebidos diante da infinidade de estímulos recebidos (como abordaremos no exercício proposto no final deste capítulo). Nesse sentido, destacaremos agora o papel da linguagem dos sons e dos ruídos, ou seja, a **sonoplastia**, como um dos elementos de apelo referencial nas comunicações radiofônicas.

No início deste capítulo, propusemos uma brincadeira que todos podem realizar em seu dia a dia: mesclar sons comuns e verificar o resultado. Quando estudamos a sonoplastia, essa brincadeira se torna ainda mais fascinante, pois percebemos que os sons do cotidiano são somatórios de vários sons ambientes.

Para causar o mesmo efeito no rádio, é criado um simulacro da realidade, inserindo ruídos que se aproximam daqueles ouvidos diariamente, sem que sejam, necessariamente, os mesmos. Portanto, a edição de sons vira uma encenação que visa criar paisagens sonoras que situem os ouvintes nos ambientes desejados pelas peças publicitárias.

> Os ruídos, quando explorados dentro de uma estrutura narrativa, representam acusticamente uma passagem temporal de uma ação para outra. Em seu estado real ou transformado musicalmente, o ruído pode impulsionar a ação da peça radiofônica com muito maior intensidade do que no palco do teatro: pode explicá-la ou aprofundá-la muito mais intensamente do que poderia fazer qualquer diálogo. (Silva, 1999, p. 77)

Todos os códigos sonoros, unidos numa peça publicitária, têm como objetivo serem coerentes a ponto de criar cenários auditivos que alcancem sentidos além da audição. Ouvir é sentir com a pele. Dessa forma, os outros sentidos são estimulados pela imaginação de cada ouvinte despertada pela audição.

> Por isso, [o rádio] pode ser considerado um meio caloroso na medida em que requer a participação do receptor: ele deverá utilizar a imaginação para criar imagens com os sinais acústicos enviados. Cada ouvinte percebe seu próprio cenário dos fatos ou da informação emitida. (Panke, 2008a, p. 798)

Assim, os ouvintes são afetados pelos sons transmitidos pelo rádio: um locutor muito lento pode transmitir uma sensação de angústia; um zumbido como pano de fundo pode gerar agonia; uma risada pode passar alegria; um silêncio prolongado pode provocar inquietação.

Mãos à obra

1) Reúna-se com alguns amigos ou familiares e, juntos, procurem reproduzir os seguintes sons: mulher caminhando de salto alto, temporal, sala de aula repleta de crianças e supermercado.

2) Em posse de aparelhos que possibilitam a gravação de áudio, organizem-se em quatro grupos: um deles deve gravar a peça do Quadro 1.1, a seguir, em tom de alegria, com uma voz feminina; outro grupo deve usar o mesmo tom, mas com voz masculina; e os outros dois grupos devem dar tons de seriedade e de fatalismo ao texto, respectivamente, um deles utilizando voz feminina, e o outro, masculina. Observe se o sentido da mensagem mudou e a percepção que cada participante teve, orientando alguns deles a escutar o texto de olhos fechados.

Quadro 1.1 Peças para locução

Técnica	Tempo	Peça spot
BG[1] de violão ao fundo	15"	Locução: Ter um amigo, um sorriso, um abraço, Alguém para me ensinar e brincar de ser palhaço. Ter uma chance, uma mão, um abrigo, Uma palavra de incentivo que dirá que eu consigo.

(continua)

---

[1] O termo *BG*, abreviatura de *background* ("fundo", em inglês), é utilizado para designar o som de fundo de uma peça, que pode ser uma música ou algum ruído.

(Quadro 1.1 – conclusão)

Técnica	Tempo	Peça spot
BG de trilha sonora contínua	15"	Locução: Há sempre alguém precisando de você e do que você sabe fazer. Dê seu tempo e seu amor para transformar a vida dessas pessoas e a sua também. Seja um voluntário e faça sua parte na construção de um mundo melhor para todos. Acesse <www.trabalhovoluntario.org.br> e descubra como participar. Seja voluntário, seja cidadão. Uma campanha da Faculdade da Vida.

Se vocês precisarem de efeitos sonoros, sugerimos o canal A.R Efeitos Sonoros (2018): <https://www.youtube.com/channel/UCgz4mHJmCG8Cz3ZveDN9yCg>. Nele, há centenas de sons das mais diversas categorias.

1.3
O código musical

É notório que a **música** sensibiliza os ouvintes e os influencia a estados de ânimo variados; por isso, pode ser considerada o elemento mais importante para despertar emoções nas peças publicitárias. "É a música e a sua comunicação não verbal que funcionam, muitas vezes, como um despertador de determinados estados de espírito" (Cardoso; Gomes; Freitas, 2010, p. 19). Entre as reações emocionais que ela provoca estão a comoção, o suspense, a sensualidade ou a alegria.

> Os sentimentos, quando associados à música, potencializam-se, pois as melodias ultrapassam a comunicação sonora e facilmente geram associações diversas ao ouvinte, seja marcando determinada situação pessoal ou ilustrando algum contexto ou época específicos. (Panke, 2010, p. 9)

Na comunicação publicitária sonora, a música pode ser uma composição própria, como o *jingle* e a vinheta, ou uma canção popular ou instrumental. No primeiro caso, ela geralmente é utilizada como protagonista do comercial; no segundo, pode aparecer como fundo musical. Seja qual for o caso, "É inegável que a música nos anúncios atrai a atenção e se mantém por vezes na memória dos públicos durante muito tempo, chegando por vezes a sobreviver ao próprio ciclo de vida do produto ou serviço que ajudou a promover" (Cardoso; Gomes; Freitas, 2010, p. 16).

Além disso, "Por si só, a música constitui uma linguagem, na medida em que é composta por signos organizados de acordo com um sistema muito complexo" (Cardoso; Gomes; Freitas, 2010, p. 14). Dessa forma, ela dita o tom do anúncio que está sendo criado. "A música pode desempenhar diferentes papéis no anúncio, correspondendo aos diferentes graus de visibilidade que possa assumir" (Cardoso; Gomes; Freitas, 2010, p. 16).

Para John A. Sloboda (2008, p. 3),

> se alguém de uma civilização sem música nos perguntasse por que nossa civilização mantém tantas atividades musicais, nossa resposta certamente apontaria para a capacidade que a música tem de melhorar nossa vida emocional. É claro que há outras razões para que os indivíduos ou sociedades façam uso da música. Considerando que muitas atividades musicais são também atividades sociais para aqueles que dela participam.

No entanto, vale ressaltar que, na hora de criar uma peça publicitária, é necessário prezar pela harmonia de todos os elementos utilizados, pois a música pode desestabilizar ou contradizer outros códigos.

1.4
O código do silêncio

O **silêncio** é estratégico, especialmente em sociedades cuja poluição sonora atinge níveis nocivos. Além disso, ele pode destacar-se em um anúncio sonoro, seja como um recurso para promover um período de compreensão da mensagem, seja para criar um cenário de suspense, seriedade ou expectativa. Sobretudo quando se trata de uma campanha de utilidade pública, como um *recall* de veículos ou outro anúncio que exija alerta, o silêncio comunica a gravidade da situação. De forma resumida, a ausência do som em uma peça publicitária expressa suspense, destaca o conteúdo da narrativa ou funciona como um indicativo de que algo sério está acontecendo ou acontecerá.

Dessa forma, o silêncio é eficaz justamente por afetar emocionalmente a audiência. Além disso, ele pode ser revelador e compor a história.

> O silêncio pode ainda ter um efeito programado de causar desconforto. É desta forma que ele é muitas vezes utilizado em campanhas publicitárias a favor de causas sociais e cívicas.
> O silêncio que chama a atenção é também o mesmo que incomoda, obrigando a pensar na informação que é transmitida. (Cardoso; Gomes; Freitas, 2010, p. 31)

A ausência do som em uma peça publicitária expressa suspense, destaca o conteúdo da narrativa ou funciona como um indicativo de que algo sério está acontecendo ou acontecerá.

Um exemplo de uso do silêncio em publicidade sonora é um anúncio da revista *Trip* (Spot..., 2016) que destina metade de seu tempo ao silêncio. A peça compôs diversos anuários de criação publicitária pela originalidade no uso desse código de comunicação. Entretanto, a utilização de um período de silêncio tão prolongado gera o risco de estimular os ouvintes a mudar de estação radiofônica, em virtude da confusão no entendimento da mensagem, uma vez que a voz do narrador é rápida em comparação ao silêncio que se segue.

1.5
O bom e velho amigo rádio

Conforme explica Medistch (1997), citando Michael Brian Schiffer (1999), "O rádio foi o primeiro artefato eletrônico a penetrar no espaço doméstico". Tal fato concedeu a esse veículo um estado de *glamour* logo ao início da radiodifusão no Brasil, e sua popularização aconteceu graças a suas particularidades e ao contexto socioeconômico do país nessa época. Hoje, ele continua presente em locais sem acesso a outros meios de comunicação e também nos centros urbanos, especialmente nos carros e no comércio.

O rádio também inaugurou um novo modo de fazer publicidade por ser o primeiro meio de comunicação a mediatizar a publicidade sonora. Isso explica por que ele, em seus primórdios, reproduzia a linguagem impressa, transmitindo textos pomposos e formais. Profissionais do teatro e do cinema participavam dos anúncios radiofônicos e não havia uma duração determinada para as peças. As **rainhas do rádio** emprestavam seus encantos às propagandas e canções da moda eram parodiadas, mas o texto ainda era narrado por locutores de voz empostada e com toda a formalidade possível.

Como afirma Silva (1999), os *spots* ajudaram esse meio de comunicação a identificar a necessidade de criar uma linguagem própria, organizada em períodos de tempo e de fácil acesso aos ouvintes. Assim, a atividade comercial das emissoras ajudou não somente a mantê-las economicamente mas também a inventar uma interlocução característica.

> A arma para atrair novos patrocinadores foi a criatividade.
> No início da publicidade radiofônica, era comum os improvisadores, tais como Waldo de Abreu que, em 1932, mantinha na Rádio Clube do Brasil (Rio de Janeiro) o Esplêndido Programa. Nele, eram criadas com o programa no ar, ao vivo, historietas para exaltar as qualidades de produtos ou para enaltecer as excelências dos patrocinadores (Simões, 1990: 176 e Tinhorão, 1978: 89). Rompendo com o improviso, o humor e os gêneros musicais conhecidos são explorados na elaboração prévia dos textos em prosa e em versos dos anúncios cantados, mais tarde conhecidos como jingles. (Silva, 1999, p. 28)

Dessa maneira, o rádio, cuja veiculação é efetuada por ondas, apresenta características que independem da potência ou da frequência de transmissão. Ortriwano (1985) aponta oito delas: uso de linguagem oral, penetração, mobilidade, baixo custo, imediatismo, instantaneidade, sensorialidade e autonomia. Todas, na devida proporção, abarcam as diversas formas de transmissão: por amplitude modulada (AM), por frequência modulada (FM), por ondas curtas (OC) ou por veiculação *on-line*.

> O rádio é hoje um meio expandido, que não se limita às ondas hertzianas, integrando um complexo industrial de radiodifusão que abarca ainda a TV por assinatura, as *web* rádios, o *podcasting* e serviços de rádio social – mídias sociais que têm no intercâmbio de áudio seu principal ativo. (Kischinhevsky, 2014, p. 148)

O rádio também apresenta como diferencial o baixo custo de produção, pois se trata de um aparelho de valores acessíveis à maioria da população. Hoje, um computador equipado com o *software* adequado e com microfones e instalado em uma sala com isolamento acústico torna possível a preparação de programação radiofônica. Há vários *softwares* de áudio para a produção sonora[2]. Entretanto, é importante salientar que eles se atualizam ou se tornam obsoletos com bastante rapidez. Após sua popularização no Brasil, a concessão dos canais passou a ser feita pelo governo federal.

> Pode-se simplesmente afirmar que o rádio, introduzindo novas modalidades de audição musical e oferecendo, assim, novos estímulos à sensibilidade, deu início a novas possibilidades de uma arte com caracteres próprios, assim como a audição numa sala de concertos se opõe a audição toda, interior e imaginativa, mas nem por isso menos válida, do musicista que lê uma partitura. (Eco, 1993, p. 320)

Inicialmente, o rádio era um veículo elitizado; porém, atualmente, ele tem várias classificações. Conforme Larissa Limeira (2006, p. 21-22, grifo nosso), as mais conhecidas no Brasil são:

- **Rádio Comunitária**: É uma emissora administrada por um conselho da comunidade. Sem fins lucrativos; não pertence a religião, partido ou empresa; seu objetivo maior é o desenvolvimento da comunidade. Ela é plural e democrática. Atua com base na legislação.
- **Rádio Corneta**: Em cidades do interior funcionam estas "emissoras" que propagam notícias, música e publicidade, através de fios e cabos ligados a alto-falantes ou "cornetas"

---

[2] Para que você possa conhecer alguns desses *softwares*, indicamos o seguinte *link*: <https://canaldoensino.com.br/blog/15-editores-de-audio-gratuitos-que-voce-deveria-conhecer>. Acesso em: 30 jul. 2018.

espalhadas pelas ruas principalmente nas praças e feiras. [...] O sistema geralmente pertence a pessoas de poucos recursos que têm paixão pelo rádio. Estas "emissoras" prestam um grande serviço à comunidade. O principal inconveniente é que o ouvinte não tem direito de "mudar de estação", porque os alto-falantes estão pregados nos postes, tocando e falando para todo mundo, quem quer e quem não quer ouvir.

- **Rádio-livre**: É aquela montada por uma pessoa ou grupo com interesses próprios. Pode ser de esquerda, direita, comercial, anarquista, católica. Não existe legislação para ela.
- **Rádio de Baixa Potência**: É toda aquela que tem a potência limitada em até 250 watts. Aí se incluem as comunitárias.
- **Rádio Pirata**: O adjetivo foi indevidamente imposto às emissoras comunitárias não legalizadas. [...]
- **Rádio Comercial**: São as rádios tradicionais que funcionam em AM ou FM. O processo de obtenção de concessão é similar às comunitárias, mas seu objetivo principal é o negócio, ou lucro. Ela não tem compromisso com a comunidade. De acordo com a Constituição do Brasil, estas emissoras comerciais (rádio e TV) deveriam priorizar a educação e a cultura, e ainda as produções regionais. Não fazem nada disso.
- **Rádio Educativa**: São emissoras que têm como função principal promover a educação e a cultura. Pertencem a universidades, governo (federal/estadual) ou fundações da sociedade civil.

Além dessas, há, atualmente, as **rádios web**, que são emissoras que veiculam seu conteúdo apenas na internet ou simultaneamente em ondas e na internet. Oferecem conteúdos de serviços e músicas e podem ser voltadas para uma audiência especializada. Para a veiculação *on-line* não existe legislação específica.

Em todas as formas de transmissão por ondas (e mesmo via internet), a primeira característica do veículo é o uso da oralidade para a difusão de informações, independentemente da modalidade da transmissão, ou seja, emissoras de todos os tipos de canais (AM, FM, OC ou internet) fazem uso da linguagem oral em suas programações. "**A linguagem do rádio é específica.** Temos de utilizar o som como principal elemento na comunicação com o ouvinte, pois as pequenas nuanças no jogo interpretativo da voz, incorporadas às ambiências sonoras, tornam-se de suma importância" (César, 2009, p. 112, grifo do original).

O desafio para os profissionais da área, com o crescente desenvolvimento das *rádios web*, é adaptar o veículo a uma linguagem que não seja mais simplesmente oral.

> Com a transmissão digital, a linguagem radiofônica incorpora o texto escrito e a imagem, o que lhe outorga uma nova configuração como meio de comunicação e mídia publicitária, e lhe confere características próprias de suportes como a televisão, o cinema, a internet etc. Em síntese, surge um novo meio, que ultrapassa sua condição "unimídia" para alçar-se em uma esfera multimídia. (Reis, 2008, p. 105)

Com expressiva audiência, o rádio via ondas continua a ser o veículo de informação mais imediatista. Para Nelia Rodrigues Del Bianco (2010, p. 104), "O surgimento de novas estruturas programáticas será uma questão de sobrevivência do rádio diante da pluralidade de oferta de produtos sonoros no campo da radiodifusão". Por isso, é necessário repensar o papel desse veículo de comunicação na sociedade, tendo em vista a transmissão digital e a criação de novos espaços e emissoras.

Ortriwano (1985) classificou, ainda, a mobilidade e a autonomia como características intrínsecas ao rádio. Ambas se referem à capacidade que ele tem de ser ouvido em qualquer lugar, sem depender de aparatos como fios e tomadas. Nesse sentido, a contribuição de tecnologias móveis como os celulares e mesmo o velho "radinho a pilha" facilita o recebimento das mensagens. Pode-se acrescentar, também, a mobilidade na emissão da mensagem, uma vez que os dispositivos móveis possibilitam a veiculação imediata dos acontecimentos. Assim, nas estratégias comerciais, é possível transmitir ações promocionais direto do local dos anunciantes, por exemplo.

Por seu aspecto técnico, o rádio chega a locais aos quais não conseguem chegar a televisão e a internet. O Brasil é exemplo disso, visto que, apesar de suas dimensões continentais e de sua vasta população – aproximadamente 200 milhões de habitantes distribuídos em cinco regiões com características sociais e econômicas bem distintas –, dois de cada três brasileiros ouvem rádio diariamente (Brasil, 2016). É um dado que não pode ser desprezado. Pelo contrário, deve ser bastante valorizado na escolha dos veículos e das estratégias de comunicação.

O imediatismo, ou seja, a emissão e a recepção de informações de forma rápida e simultânea, reforça a capacidade das emissoras de intensificar os serviços prestados às comunidades. Cabe mencionar, novamente, o estudo de Meditsch (1997), que reflete sobre os níveis de transmissão imediata aos quais o rádio está sujeito. O autor apresenta quatro níveis de transmissões "**vivo**", mas acredita que, a partir da relação de simultaneidade da recepção e da emissão inerente ao veículo, é possível identificar outros aspectos.

> A simultaneidade enunciação/recepção presente no **vivo em primeiro grau** não implica necessariamente a simultaneidade entre o tempo de produção do enunciado e sua enunciação. Pelo contrário, o enunciado pode ter sido produzido antecipadamente, como no caso de um programa gravado. O **vivo em primeiro grau** refere-se assim ao paralelismo do tempo do enunciado com o tempo da vida real (o tempo do relógio), paralelismo este que atinge a sua expressão máxima no fluxo contínuo. (Meditsch, 1997, grifo do original)

É possível deduzir que o primeiro nível, mesmo estando presente 24 horas na programação das emissoras, ainda representa um simulacro de simultaneidade.

O segundo nível refere-se ao texto pré-construído. Um texto escrito, memorizado ou planejado antecipadamente para ser interpretado no rádio, apesar de não caracterizar ainda a dupla simultaneidade da transmissão direta, agrega à primeira simultaneidade mais um elemento vivo – a interpretação do locutor. Por isso, o discurso produzido pela apresentação de um texto ao microfone, embora mantenha as características de um conteúdo produzido antecipadamente, pode ser considerado um **vivo em segundo grau** (Meditsch, 1997).

O terceiro nível ocorre quando o locutor ou o repórter estão presentes no acontecimento transmitido.

O **vivo em terceiro grau** costuma ser apresentado ao público como transmissão **direta**, embora ainda não a caracterize no sentido estrito da expressão" (Meditsch, 1997, grifo nosso e do original). Para que esta se configure, "é necessária também a simultaneidade do acontecimento relatado, completando a isocronia entre quatro tempos: o do acontecimento, o da produção do relato, o da enunciação e o da recepção. (Meditsch, 1997, grifo do original).

Apenas quando esses quatro tempos convergem é que se encontra o **vivo em quarto grau**, considerado o maior possível, pela capacidade de operação em tempo real, característica inaugurada pelo rádio.

Essas características de imediatismo e de transmissões ao vivo são atrativas para a audiência do rádio. Porém, a indústria publicitária percebeu, ao longo dos anos, que os textos produzidos e pré-gravados poderiam ser mais eficientes para convencer o público, por evitar os erros gerados pelo improviso.

O desenvolvimento da publicidade no rádio se confunde com o da própria linguagem radiofônica. Da simples menção ao vivo do nome de um "colaborador" de um programa até a inserção de peças publicitárias previamente elaboradas e produzidas para os "patrocinadores", em programas e horários estrategicamente estabelecidos, um longo percurso foi estabelecido, tanto no texto escrito quanto no tratamento dos até então novos elementos que viriam a compor a sonoplastia radiofônica (efeitos sonoros, ruídos e trilhas sonoras). (Silva, 1999, p. 45)

McLeish (2001) pondera as relações do rádio com o indivíduo e também com a sociedade, defendendo que o veículo ajuda o ouvinte a se distrair de problemas e reduz o sentimento de solidão. Além disso, "Quem escuta música transmitida pelo rádio, posto que a escute intencionalmente, acha-se numa particular condição de intimidade e isolamento, disposto para a recepção dos sons puros, sem outro complemento visual ou emotivo" (Eco, 1993, p. 319).

Mais do que exercer o papel de simples companhia, o rádio pode ser uma fonte segura de informações, auxiliando as pessoas na resolução de problemas. Já para a sociedade, ele é um dos maiores veículos de multiplicação de informações, divulgador de tendências culturais, promotor de diversidade e mobilizador, especialmente se usado para unir comunidades em prol de determinadas causas.

1.6
A especialização das emissoras

Tendo em vista a necessidade de se estabelecer uma visão estratégica para pensar em que veículos divulgar suas peças, é importante que os anunciantes conheçam os principais tipos de emissoras de rádio:

- Aquelas que se especializam para atingir apenas determinado público;
- Aquelas que se especializam para atingir diversos públicos em diferentes horários de sua programação.

Artur da Távola (citado por Ortriwano, 1985) classifica as emissoras em duas categorias: **rádio de alta estimulação** e **rádio de baixa estimulação**, conforme o Quadro 1.2, a seguir.

Quadro 1.2 Emissoras de rádio quanto à especialização

Rádio de Alta Estimulação	Rádio de Baixa Estimulação
1. é mobilizador	1. desmobilizante; é um rádio de lazer
2. uso de estímulos sonoros permanentes	2. baixo uso de estímulos sonoros, pois opera justamente sobre quem quer se desligar da intensa participação na sociedade moderna
3. caráter de urgência: aqui e agora, o fato e a notícia	3. é menos urgente
4. muito serviço e esporte	4. pouca atividade de serviço
5. proximidade da comunidade	5. uso de uma fala ainda elaborada e distante do colóquio
6. comunicadores individualizados (em geral disc-jóqueis famosos)	6. comunicadores não-individualizados; raramente se conhece o nome e a vida de seus locutores
7. tem elenco e produtores	7. radiojornalismo generalizante com notícias em forma de pequenas manchetes
8. humor e descontração	8. quase nunca personaliza seu ouvinte, salvo em escolhas de discos em moda por telefone
9. sempre que pode, personaliza o ouvinte	9. a participação vem através da música contemporânea e seus principais temas em voga
10. trabalha permanentemente com análises de audiência	10. promove uma sensação de status para seus ouvintes
11. estimula o sentimento de solidariedade e participação nos principais acontecimentos da comunidade	11. seriedade e distanciamento
12. proximidade da cultura popular e de base brasileira	12. tende para a cultura de classe média e de base estrangeira

Fonte: Ortriwano, 1985, p. 29-30.

Analisando o Quadro 1.2, percebe-se que as emissoras também poderiam ser classificadas como **rádio de média estimulação**, isto é, aquelas que apresentam proximidade com a população, por exemplo, e, ao mesmo tempo, promovem *status* ou usam poucos recursos sonoros. Portanto, é possível classificar as emissoras em uma categoria intermediária, diferentemente do proposto, a princípio, por Artur da Távola.

Por sua vez, a transmissão digital e a veiculação via *web* reforçam a necessidade de especialização cada vez maior para públicos com gostos bastante específicos.

> A vertente pela hiperespecialização, implícita no digital, tem como foco os interesses do ouvinte individual, especialmente nas suas micropreferências musicais. A construção de um perfil menos generalista e mais especializado exigirá uma boa dose se prospecção para adequação permanente às demandas do momento, especialmente às mudanças dos gostos e hábitos sociais. (Del Bianco, 2010, p. 105)

Se a segmentação em razão da especialização das emissoras for levada a cabo, haverá um incremento no mercado da radiodifusão e uma ampliação de grupos para os quais a veiculação publicitária será possível.

Sem dúvida alguma, as tecnologias possibilitam a participação de outras vozes no discurso radiofônico. Por isso, é inviável contar exatamente quantas emissoras estão presentes na *web*. Se, com a propagação por ondas, o rádio já era considerado um veículo de mobilidade, com a internet, então, passou a existir uma mobilidade também de conteúdo, pois ela oferece a possibilidade de navegação, seleção e interação com informações diversas e se estabelece como uma alternativa à programação dos meios de comunicação massivos.

A jornalista Raquel Porto Alegre dos Santos Alves (2003) aponta três modalidades de rádio existentes na internet:

1) A primeira modalidade é a da estação propriamente radiofônica, que busca traduzir matérias em linguagem digital e existe previamente em ondas hertzianas. É o caso da Central Brasileira de Notícias – CBN (2018), da British Broadcasting Corporation – BBC (2018) e da Rádio França Internacional – RFI (2018).
2) A segunda modalidade é a da estação que já nasceu *on-line*. Um exemplo é a espanhola Radiocable (2018), pioneira na internet, operando na rede desde 1997.
3) A terceira modalidade é a da estação pirata, que luta para ter voz no ambiente virtual e encontra na internet o espaço para sua livre expressão.

Além dessas formas de rádio, Alves (2003) argumenta que a história do rádio nas redes digitais abrange quatro fases: interseção, adaptação, mudança e transformação.

A fase da **interseção** ocorreu particularmente na segunda metade da década de 1990, com a popularização da internet. Nesse período, as emissoras buscavam nas tecnologias virtuais uma visibilidade maior e, aos poucos, foram transportando seus dados para a nova plataforma, sem se preocupar com a criação de uma linguagem e de um conteúdo próprios para a internet.

Na segunda fase, de **adaptação**, as emissoras alteraram o processo de produção (com redações diferentes para a plataforma tradicional e para a rede) e o conteúdo, pois os usuários já não se satisfaziam apenas com as mesmas informações transmitidas em ambos os formatos. Nessa época, os ouvintes buscavam arquivos, serviços e materiais permanentes de consulta. Outro aspecto modificado nessa fase foi o alcance (ou a abrangência) das emissoras. As fronteiras caíram e as estações que eram regionais ficaram ao alcance de comunidades distantes geograficamente delas, em um nível nunca antes imaginado.

As fases seguintes, de **mudança** e de **transformação**, referem-se ao desenvolvimento incessante dos aparatos tecnológicos a que todos estão sujeitos. À medida que novos *softwares* e aplicativos são criados, é inevitável a transposição das plataformas.

Outro formato que possibilita a interação e a criação de conteúdo pelo usuário é *o podcast*. Segundo Erik Luiz Vieira Feitosa (2007, p. 21), *"Podcasting* é um mecanismo de publicação de arquivos sonoros, de vídeo ou fotos pela Internet. A tecnologia permite que os usuários acompanhem automaticamente a atualização de séries de arquivos publicados, diretamente da fonte produtora, gratuitamente".

De acordo com o autor, o crédito do nome dessa modalidade de comunicação pertence a Ben Hammersley, do jornal britânico *The Guardian,* que publicou o termo *podcasting* como sinônimo de *audioblogging* (Feitosa, 2007).

Nos *podcasts*, o poder autoral é o que atrai o público, e os anúncios são inseridos na programação em vários formatos: *spots* (sem a pressão do tempo típica das emissoras de rádio), *merchandising* testemunhal, patrocínios e apoios culturais.

Por fim, antes de terminar o assunto, sugerimos a você que, após passar a escutar melhor os sons a seu redor, como propusemos no início deste capítulo, comece a ouvir emissoras de rádio com perfis diferenciados. Isso fará com que perceba novas formas de veiculação de anúncios e de criação sonora de acordo com variados públicos.

Perguntas & respostas

Será que ninguém mais ouve rádio?

Muitas pessoas ouvem rádio. Observe os dados que vários institutos de pesquisa sobre essa área disponibilizam. A vantagem do rádio é que, além de abranger públicos de classes econômicas distintas, ele chega a locais não contemplados pelos outros meios de comunicação.

Para trabalhar no rádio basta ter uma boa voz?

Essa ideia não é verdadeira, pois a comunicação sonora se faz por vários códigos além do idioma, como o silêncio, a música e a sonoplastia. Além disso, a voz em si sofre variações e deve ser adaptada conforme o produto divulgado e o cliente.

Síntese

Neste capítulo, observamos que, entre os tipos de comunicação publicitária, estão os códigos sonoros, constituídos por elementos como oralidade, música, sonoplastia e silêncio. O tom de determinado anúncio é consequência do uso coordenado dessas linguagens, e nele percebemos a plasticidade e o timbre da voz, a harmonia musical e os ruídos empregados com a intenção de representar um simulacro da realidade. Não é necessário aplicar as quatro formas de linguagem em todas as peças de comunicação sonora; entretanto, elas estão à disposição no sentido de comover o público e divulgar produtos, serviços e ideias.

Também discutimos que há três maneiras de se utilizarem os sons para afetar as emoções das pessoas: como produtores de sensações; associados a imagens ou a situações conhecidas do público; e relacionados à memória afetiva. Por esse motivo, o rádio, cujo único suporte comunicativo é o som, constitui um dos principais meios propagação de publicidade. Ao contrário da televisão, em que as imagens são limitadas pelo tamanho da tela e já estão prontas, no rádio, as imagens têm o tamanho da imaginação dos ouvintes.

Por fim, verificamos que o uso do rádio não se limita ao modelo tradicional, pois, com a popularização da internet, ele se adaptou a essa plataforma e consolidou duas de suas principais características e vantagens diante dos outros meios de comunicação: a mobilidade e a abrangência.

Questões para revisão

1) Quais são as formas de escuta radiofônica?
2) Cite e explique os códigos de comunicação sonora.
3) Marque V para as afirmativas verdadeiras e F para as falsas.
   ( ) O *grão de voz* corresponde às caracteristicas inatas da voz.
   ( ) O texto radiofônico deve se adaptar ao estilo da emissora que será veiculado.
   ( ) O hábito de *zapping* surgiu com o rádio.
   ( ) O texto radiofônico deve ser produzido ignorando-se as formas de escuta.

Agora, assinale a alternativa que apresenta a sequência obtida:

a) V, V, F, F.
b) F, V, V, F.
c) V, V, V, F.
d) V, V, V, F.
e) F, F, V, V.

4) Marque V para as afirmativas verdadeiras e F para as falsas.

( ) Os sons podem ser associados à criação de sensações, à lembrança de imagens ou situações conhecidas e à recordação da memória afetiva.

( ) A ação de escutar não traz nenhuma dificuldade nas sociedades urbanas, ainda que a profusão de ruídos intensos e misturados entre si ininterruptamente faça com que essa atividade exija atenção e interesse do ouvinte.

( ) O simulacro de realidade é o ato de inserir sons que se aproximam do que se observa no cotidiano sem que sejam, necessariamente, os mesmos ruídos.

( ) Os códigos de comunicação adotados nas peças de publicidade sonora são o código linguístico, o código musical e o código dos ruídos.

Agora, assinale a alternativa que apresenta a sequência obtida:

a) V, F, F, V.
b) F, V, V, V.
c) F, V, V, F.
d) V, F, F, F.
e) V, F, V, F.

5) Sobre o código musical, marque V para as afirmativas verdadeiras e F para as falsas.

( ) A música pode ser de fundo ou protagonista, como no caso dos *jingles*, em um anúncio publicitário.
( ) A música pode desestabilizar ou contradizer outros códigos.
( ) A música não consegue despertar estados de espírito variados nem ditar o tom do anúncio que está sendo criado.
( ) O código musical cria muitas das sensações sentidas ao se ouvir uma peça radiofônica.

Agora, assinale a alternativa que apresenta a sequência obtida:

a) F, F, F, V.
b) V, V, F, V.
c) F, F, V, V.
d) F, V, F, F.
e) V, V, F, F.

Questões para reflexão

1) Escute um anúncio publicitário radiofônico e analise-o de acordo com os seguintes tópicos:
   a) Oralidade.
   b) Sonoplastia.
   c) Música.
   d) Silêncio.

2) Ouça emissoras de estilos diferentes e perceba quais são as variações na programação delas, classificando-as em rádio de baixa, média ou alta estimulação.

3) Permaneça por 30 segundos com os olhos fechados, apenas percebendo os sons a seu redor. Descreva as sensações provocadas por eles. Como essas sensações poderiam ser utilizadas em uma peça sonora?

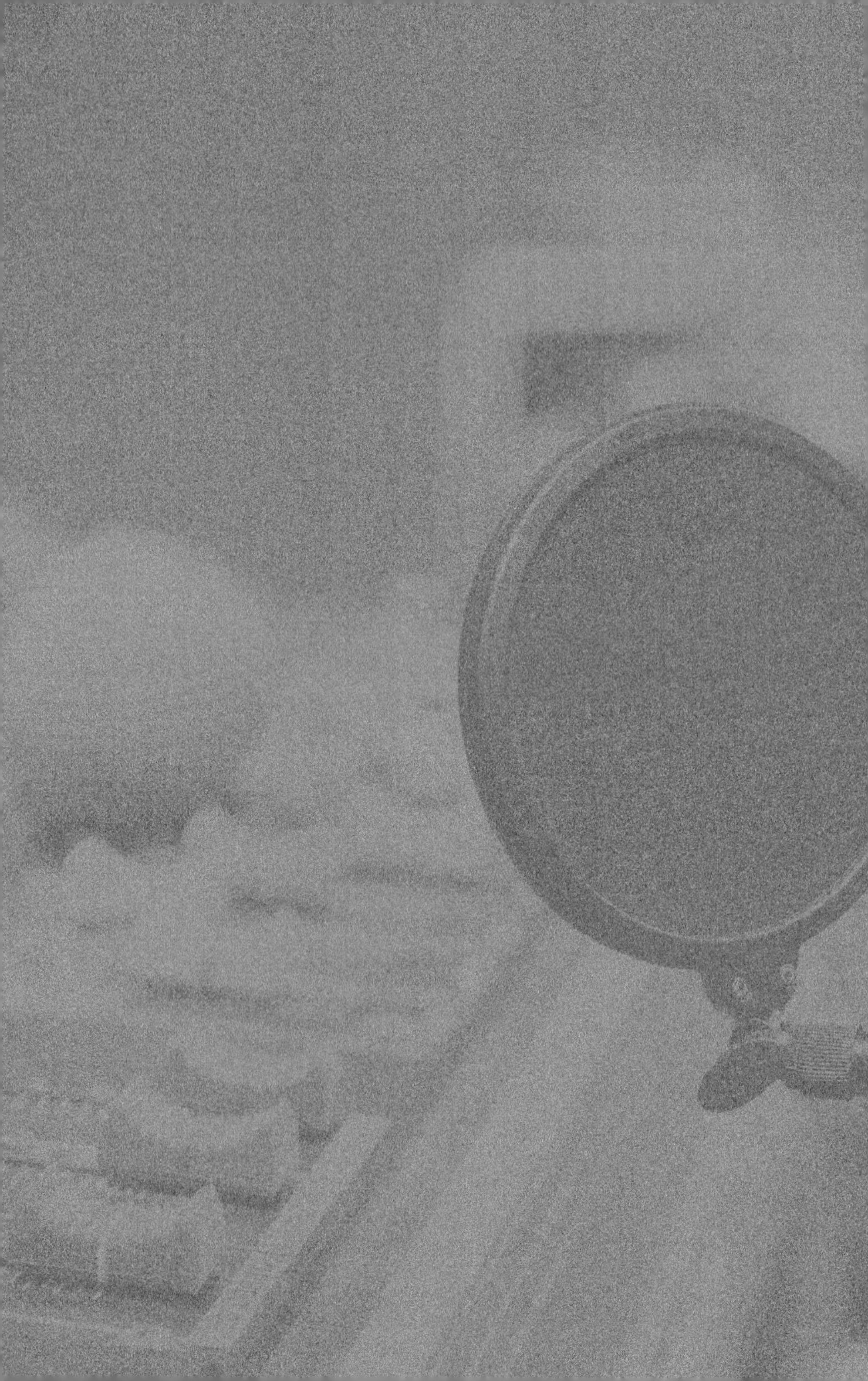

2
Formatos da publicidade sonora

Conteúdos do capítulo

- Propaganda sonora.
- Propaganda em rádio.
- Formatos radiofônicos e publicidade.

Após o estudo deste capítulo, você será capaz de:

1. compreender as características da linguagem publicitária radiofônica;
2. identificar as várias possibilidades da publicidade em rádio;
3. escolher o melhor formato de anúncio conforme a demanda apresentada no *briefing*.

No capítulo anterior, vimos que, para fazer propaganda no rádio ou em outra mídia sonora, estão disponíveis quatro códigos principais de linguagem: o idioma (a oralidade), os sons do cotidiano, a música e o silêncio. Verificamos que o rádio está em terceiro lugar na preferência de mídia dos brasileiros, ficando atrás apenas da televisão e da internet.

Também observamos que a maioria dos ouvintes realiza atividades diversas enquanto escuta rádio, embora somente 18% mantenham atenção total à programação. Desse modo, ainda que o veículo esteja presente nos hábitos de consumo, as emissoras têm o desafio de chamar a atenção do consumidor, de tirá-lo da distração.

Assim, primeiramente, é importante destacar a diferença entre **gênero** e **formato**. Gênero é uma categoria mais ampla – por exemplo, gênero jornalístico ou gênero publicitário. Já o formato está inserido no gênero e se refere ao modo como a mensagem pode ser construída, aos meios em que pode ser veiculada e às características técnicas que apresenta. Segundo André Barbosa Filho (2003, p. 122), "O gênero publicitário comercial tem como função precípua o uso de espaços radiofônicos para a divulgação e venda de produtos e serviços").

Quando alguém escuta rádio, tem acesso a diversos formatos de anúncios. O mais conhecido é o *spot* (dedicaremos o próximo capítulo totalmente a ele); entretanto, há várias formas de se inserir a mensagem do anunciante na programação, visto que "O formato do anúncio é a estrutura geral dos relatos publicitários, configurada a partir das relações de interdependência entre os âmbitos de relação e as características do anúncio, como a forma, o conteúdo e o contexto de veiculação das mensagens" (Reis, 2008, citado por Reis, 2010, p. 145).

De acordo com a bibliografia ou a região de mercado de trabalho, são observadas diferentes nomenclaturas para os formatos encontrados na publicidade sonora.

> A atual configuração da propaganda radiofônica é o resultado da integração de diferentes tipos de relatos e do surgimento de novas modalidades de anúncios que, por sua vez, produziram reflexos nas características das mensagens tradicionais e que mudaram a percepção do mercado a respeito de antigas formas de difusão publicitária. (Reis, 2008, p. 27)

> De acordo com a bibliografia ou a região de mercado de trabalho, são encontradas diferentes nomenclaturas para os formatos encontrados na publicidade sonora.

No rádio, os dez formatos de anúncio mais comuns: *spot*; texto-foguete; vinheta; apoio cultural/patrocínio; *merchandising* e testemunhal; *teaser*; *jingle*; programete/conteúdo; unidade móvel; e ações especiais. Mais adiante, explicaremos individualmente cada um deles. Por ora, é interessante saber também que Clóvis Reis (2008), em uma pesquisa desenvolvida em algumas emissoras, observou que o *spot* é o formato de anúncio com o maior número de inserções: 49,1%. Do restante, 36,3% são patrocínios; 6,6% são *jingles*; 3% são prescrições; 1,6% é de entrevistas comerciais; 1,2% é de ações; 1% é de microprogramas; e 0,6% é de concursos. É importante enfatizar que, independentemente do formato, "o texto radiofônico, ao ser oralizado, conta com a sonoplastia e com a voz, que conferem plasticidade e cor ao texto" (Silva, 1999, p. 44).

Portanto, na hora de realizar o planejamento de uma campanha publicitária para comunicação radiofônica, existem à disposição ao menos essas dez opções de formatos, e "cabe lembrar que a criação coletiva, como no caso da criação publicitária, ganha mais complexidade da interação entre as pessoas em contínua troca de sensibilidades" (Bertomeu, 2008, p. 59).

McLeish (2001) sintetiza algumas questões a serem consideradas na hora de se redigir um anúncio, de acordo com o elemento:

- **Público-alvo**: Para quem a mensagem é dirigida?
- **Produto ou serviço**: Qual a qualidade específica a ser promovida?
- **Redação**: Qual o conteúdo e o estilo apropriados?
- **Voz**: Quem melhor reforçará a mensagem?
- **Pano de fundo**: Será necessário música, silêncio ou efeitos sonoros?

A essa lista pode ser acrescentada a seguinte questão:

- **Formato**: Qual é o formato mais adequado para comunicar a mensagem?

Há certo comodismo de algumas empresas ao preparar peças radiofônicas. Às vezes, o que se percebe como produto final é a simples transposição de um vídeo sem imagens sendo veiculado nas rádios. Isso pode ocorrer por economia ou por falta de habilidade em se trabalhar com uma mídia sonora. Inclusive, pode haver um enfrentamento entre agências de publicidade e emissoras na confecção dos materiais. Também, muitas vezes, por economia, o anunciante vai diretamente à emissora e grava seu comercial ou sua ação, sem ligação estratégica com outras formas de comunicação. Infelizmente, há emissoras que dispõem de quase uma linha de montagem de *spots*, na qual um texto simples, sem histórias, é gravado por um locutor-padrão, sendo a mesma voz utilizada em peças de outras empresas.

Então, o publicitário que trabalha em uma emissora deve batalhar para que o processo de produção de seus anúncios seja criativo e esteja em consonância com o que já foi comunicado pelo anunciante. Entretanto, aquele que trabalha em uma agência não pode deixar de lado a importância de uma boa comunicação sonora. É preciso lembrar que "As peças de rádio são, na maioria das vezes, as últimas feitas para uma campanha publicitária. A falta de imagens implica uma criação específica e diferenciada, habilidade que poucos têm ou procuram aperfeiçoar" (Batochio, 2006, p. 19).

Veremos, a partir de agora, um a um os formatos de anúncios mencionados anteriormente. Nossa intenção é que você aperfeiçoe seus conhecimentos sobre o assunto.

Spot

O anúncio radiofônico mais conhecido pelo público é o *spot*, que compõe a maior parte do espaço comercial das emissoras. Normalmente, tem duração que varia de 30 segundos a 1 minuto, é pré-gravado, usa textos informativos, persuasivos, narrativos e poéticos e deixa claro quem é o anunciante. O *spot* também pode ser usado para campanhas institucionais.[1]

---

[1] Ouça um exemplo de spot para campanha institucional em: <https://www.youtube.com/watch?v=COZ4jWRXzp8>. Acesso em: 21 ago. 2018. Ainda que nesse caso não haja teatralidade, percebe-se na voz do primeiro locutor o que foi falado no capítulo anterior sobre o grão de voz, ou seja, é possível detectar o sotaque, a origem e o estado de humor de quem fala. Já na assinatura, destaca-se uma gravação um pouco mais formal, mas ainda com características regionais explícitas. A música de fundo busca sensibilizar os ouvintes pela causa.

Como já mencionamos, o próximo capítulo deste livro será dedicado totalmente aos *spots*, trazendo mais exemplos e sugestões para a criação desse tipo de anúncio.

Texto-foguete

O texto-foguete, trecho curto cuja duração varia entre 10 e 15 segundos, é normalmente utilizado para uma chamada específica, como promoções. É estratégico para a promoção de eventos que vão ocorrer no fim de semana, por exemplo, como um feirão de automóveis.

Nesse caso, é mais interessante fazer pequenas chamadas para o evento e veiculá-las mais vezes durante a semana que antecede o acontecimento.

O texto-foguete pode ter uma trilha sonora e apresentar assinatura, apesar de se destinar a fornecer informações curtas.[2]

Vinheta

A vinheta é uma produção sonora específica para determinada programação e inclui o *slogan* do anunciante.

Trata-se de uma produção sonora voltada para quadros ou trilhas (no caso de promoção da programação da emissora). Pode ser de abertura, de passagem, de encerramento ou de identificação de partes do programa.

No caso das emissoras de rádio, a vinheta funciona como uma identidade, pois é uma assinatura sonora que mostra o tipo de público e de programação encontrados naquela estação.[3]

---

[2] No *link* a seguir, você encontra um exemplo de texto-foguete: <https://www.youtube.com/watch?v=0K7HYfKJZ5U>. Acesso em: 21 ago. 2018.

[3] Ouça um exemplo de vinheta em: <https://www.youtube.com/watch?v=XYNqfsZH6SU>. Acesso em: 13 ago. 2018.

Apoio cultural e patrocínio

Apoiar um programa de entretenimento de determinada emissora ou aparecer como um dos seus patrocinadores atribui ao anunciante um valor de marca, ou seja, dependendo do apoio, tornam-se mais ou menos explícitos a ideologia e os valores que norteiam a empresa. Como alerta Reis (2008, p. 47), "O patrocínio constrói o valor da marca e atribui uma personalidade para o anunciante, estabelecendo uma diferença com a concorrência e inspirando a lealdade do consumidor em relação à marca". É importante ressaltar que o anunciante deve se associar a programas e a emissoras que tenham relação com sua filosofia empresarial.[4]

Para Reis (2008), o patrocínio é dividido em três modalidades diferentes:

1) **Chamada**: Mensagem publicitária que anuncia os programas, os eventos especiais ou a programação da emissora.
2) **Vinheta**: Abertura, encerramento e passagem de bloco dos programas.
3) **Top**: Contagem regressiva antes de um programa.

Merchandising e testemunhal

O *merchandising* é uma peça publicitária camuflada de comentários realizada pelo apresentador do programa e não tem duração definida. Pode ser pré-gravado, ter o

---

[4] Observe um exemplo de apoio cultural em: <https://www.youtube.com/watch?v=HUKdREp_sc0>. Acesso em: 13 ago. 2018. Nessa peça, menciona-se apenas o nome da empresa ou instituição, porém poderia constar seu *slogan*. Por exemplo: "Estamos apresentando o programa Bom Dia, com apoio cultural da Loja Popular, onde você é atendido com carinho". Às vezes, o locutor fala brevemente expressões como *com o apoio, com a gentileza, um oferecimento* e *um patrocínio*, e é citado o nome do anunciante seguido de seu *slogan* ou apenas de seu endereço. Essa é uma gravação realizada na própria emissora, e as informações que devem ser colocadas são definidas pela empresa patrocinadora.

texto redigido anteriormente ou ir ao ar ao vivo, de maneira informal: "Há desde citações breves e leitura de textos comerciais informativos até a simulação de 'entrevistas' com porta-vozes dos anunciantes e o sorteio de produtos ou serviços" (Reis, 2008, p. 48). Nesse caso, o apresentador garante sua credibilidade e seu carisma diante dos ouvintes. No *merchandising* não há testemunho.

O testemunhal, por sua vez, traz o valor agregado do locutor, que empresta sua popularidade ao produto, confirmando sua qualidade. Nesse caso, "O testemunhal, atualmente praticado nas rádios de frequência AM, é um comentário realizado ao vivo no decorrer do programa pelos próprios locutores testificando a eficácia de determinado produto ou serviço" (Silva, 1999, p. 29).[5]

Ainda que Silva (1999) enfatize que esse formato ocorre nas rádios AM, também é possível vê-lo em emissoras FM, ainda que em menor quantidade.

A seguir, apresentamos algumas subclassificações do *merchandising*, conforme Silva (1999).

- **Texto avulso**: Parece o *spot*, mas é inserido no meio de um programa, com a leitura de um texto.
- **Menção**: É o que se chama de *merchandising*, quando o produto é apenas citado, de maneira mais sutil.
- **Prescrição**: Apoia-se na credibilidade do condutor do programa.
- **"Reportagem" publicitária**: Trata-se de anúncio gravado em forma de reportagem jornalística, simulando uma notícia relacionada às vantagens que o anunciante oferece.

---

[5] Acompanhe, no *link* a seguir, um exemplo bem claro de uma declaração de apoio com base no testemunho do próprio locutor: <https://www.youtube.com/watch?v=DP1KIaDHNCI>. Acesso em: 13 ago. 2018.

- **"Entrevista" comercial**: Inserida durante os programas ao vivo, segue um roteiro previamente acordado entre emissora e anunciante. Sem fundo musical, simula a prestação de serviços de interesse público.
- **Concurso**: É realizado ao vivo, com sorteio de brindes para os ouvintes.

Teaser

O *teaser* é um texto que visa gerar expectativa no público, sendo considerado a prévia de uma campanha maior ou a estratégia de promover a curiosidade deste a respeito de um fato ou de um evento que ocorrerá em breve. Por exemplo: "Vem aí…".

Jingle

O *jingle* é um anúncio musicado (portanto, com produção musical) que apresenta a mensagem publicitária com uma composição exclusiva para o anunciante. Geralmente, tem uma letra fácil e rimas favoráveis à memorização. Deve "colar" no consumidor e proporcionar a ele "imagens" auditivas.

> O *jingle* é um anúncio musicado (portanto, com produção musical) que apresenta a mensagem publicitária com uma composição exclusiva para o anunciante.

É um formato apaixonante, e diversas marcas já fizeram história com suas músicas. São exemplos clássicos o Guaraná Antártica, o banco Bamerindus e a Parmalat. Essas três marcas desenvolveram peças que contagiaram o público pelo ritmo, pela repetição de termos e pelas letras acessíveis.

Há *jingles* que foram veiculados apenas nas rádios e outros que fizeram parte de comerciais de TV. Os casos das três marcas citadas ocorreram em peças de formato audiovisual. Se você aprecia o tema, com certeza gostará do quarto capítulo deste livro. Nele, você lerá tudo sobre *jingles* e sua classificação conforme a necessidade de criação e verá que os dividimos entre as categorias varejo, político e institucional.

Programete/conteúdo

O programete é uma peça publicitária gerada pelas agências e mesclada com conteúdo. O patrocinador apresenta matérias não factuais ou informações e serviços relacionados ao produto ou à empresa. Ele não anuncia diretamente o produto, mas vincula sua imagem à prestação de serviços. Também pode ser chamado de *infomercial*.

De acordo com Reis (2008, p. 54), a "administração pública, associações e organizações não governamentais geralmente emitem os programetes com o objetivo de transmitir alguma informação de interesse público, promover seus serviços, modificar atitudes e comportamentos, e melhorar a imagem da entidade ou do governo".[6]

Essa categoria de anúncio pode ser vista também em serviços de saúde – clínicas, por exemplo, que, na impossibilidade de anunciar serviços, veiculam dicas relacionadas a sua área: "Minuto da nutrição, oferecimento da clínica...". Todo o conteúdo divulgado é da área, com profissionais da citada clínica proporcionando propaganda "indireta" em forma de informação.

---

6 No exemplo a seguir, há um programete de comunicação governamental, organizado pela Câmara de Vereadores de Porto Alegre: <https://www.youtube.com/watch?v=myQNh5llGUA>. Acesso em: 13 ago. 2018.

Unidade móvel

A unidade móvel é um relato publicitário realizado na rua junto com o anunciante ou em locais de bastante movimentação, com o intuito de promover a própria emissora ou o cliente. É também conhecido como *flash*. Às vezes, há distribuição de brindes, inclusive com ações conjugadas entre a emissora e seus parceiros.[7]

Geralmente, as unidades móveis são ações realizadas em datas especiais e em conjunto com ações de *marketing*.

Ações especiais

As ações especiais são participações das emissoras em *shows*, festivais, feiras e eventos esportivos. Podem ocorrer em coberturas ao vivo, com sorteio de brindes ou com intervenções no palco (no caso de programas de auditório). Também há emissoras que produzem os próprios festivais.

Na hora de editar o anúncio, para organizar as narrativas dos formatos, Ortiz e Marchamalo (2005) sugerem duas formas de montagem de conteúdo:

- **Montagem realista ou descritiva**: Os diversos elementos se combinam para oferecer uma sequência sonora descritiva, ou seja, imitadora da realidade.
- **Montagem conceitual**: Nesse caso, a ideia é recriar atmosferas ou sensações. Os efeitos e as músicas utilizados não respondem à transcrição sonora da realidade, mas produzem códigos anímicos.

---

[7] Para escutar um exemplo de unidade móvel, acesse o *link* a seguir: <https://www.youtube.com/watch?v=lU_NI5Yh8hM>. Acesso em: 18 ago. 2018.

2.1
Outros formatos

Listamos, a seguir, outros formatos de publicidade, alguns dos quais são muito comuns em nosso dia a dia.

- **Veículos de som (carro, bicicleta, trio elétrico, caminhão)**: São bastante comuns em cidades pequenas e também durante campanhas eleitorais, mesmo nas capitais. Para usar esse formato de publicidade, é necessário respeitar a legislação para evitar multas por poluição sonora.
- **Áudio com sensores (programado/guerrilha)**: Trata-se de uma ação estratégica voltada para surpreender o público e reforçar comportamentos – por exemplo, áudios movidos por sensor em pontos de venda (PDV), em elevadores ou em lixeiras. Utiliza mensagens curtas para reforçar comportamentos ou compor ações esporádicas de *marketing*.
- **Locutores no comércio**: Costumam fazer parte do cenário urbano tanto nas calçadas quanto nos supermercados e nas lojas de departamento, ainda que, nas grandes cidades, possam ser uma causa a mais para a poluição sonora. Os anúncios de ofertas, de promoção de vendas e de animação do local fazem parte dessa ação. A vantagem desse tipo de publicidade é encontrar o consumidor pessoalmente e com eventual disponibilidade para conhecer o produto ou o serviço ofertado. No entanto, o locutor deve tomar cuidado para não ser inconveniente e insistir demais em momentos não desejados. Como a função do locutor também é estimular desejo e curiosidade, pode ser uma estratégia válida na promoção de ações de *marketing* de guerrilha ou de mensagens que não sejam comerciais.

- **Áudio interno (empresas, *shoppings*, universidades)**: Constitui-se de sistemas de alto-falantes nos corredores de instituições com vistas a criar um bom ambiente organizacional, manter o público interno informado e favorecer a aproximação com o público externo. No caso de empresas ou de prestadores de serviços externos, esse sistema apresenta músicas e ofertas. Já no caso de uma empresa não comercial, é possível mesclar músicas com anúncios de prestação de serviços voltados para o público interno.
- **Áudio *web* (*sites*, *podcasts*, redes sociais, *pop-ups*)**: Há *sites* específicos de áudio que funcionam em formato multimídia, nos quais o usuário espera que haja som. Entretanto, há outros *sites* em que não é aguardada uma "invasão" de *pop-ups* sonoros, por exemplo. Nesse caso, é uma possibilidade a ser bem avaliada para se evitar causar rejeição em vez de atração.
- **Aplicativos (WhatsApp, Viber, Snapchat, Spotify)**: São inovações tecnológicas criadas para conectar pessoas. Por meio delas, é possível divulgar mensagens pré-gravadas tanto para grupos quanto para indivíduos, em ações direcionadas. Um dos fatores mais relevantes que se deve observar nesses casos é o tempo de gravação. A tendência de não se escutar um áudio com mais de 20 segundos é grande. Portanto, ao se promover algo para aplicativos, é preciso ser breve.
- **Áudio em jogos**: Trata-se de anúncios veiculados nos jogos *on-line* na passagem de fases. Nesse caso, a divulgação de produtos ao consumidor deve ser feita de forma breve e atraente, pois está interrompendo uma atividade de lazer.

- **Shows e eventos públicos**: Ocorrem anúncios por meio de transmissões de mensagens dos anunciantes por alto-falantes, produzidas pelo próprio evento, como uma espécie de rádio local. Patrocinadores das atividades são citados e outras mensagens promocionais podem ser inseridas.
- **Telefone**: Pode ser usado como instrumento para transmitir desde áudios de espera até gravações e chamadas. Nesse caso, não há como tratar o telefone de forma igualitária, sem considerar os públicos a serem atingidos. Para quem usa aplicativos, falar ao telefone virou uma ação rara e, às vezes, até mesmo incômoda. Desse modo, uma chamada telefônica pode ser invasiva. Não se trata de *telemarketing* – que também pode ser invasivo e inconveniente –, mas de gravações que podem ser veiculadas via telefonia. Essas ligações tornam-se mais comuns em épocas de campanha eleitoral, por exemplo, quando os candidatos, supostamente, telefonam para os eleitores. Ações promocionais de doação também usam esse recurso. Para isso, um trabalho de pesquisa é fundamental para saber a qual público se destinarão as ligações, de acordo com parâmetros como situação socioeconômica, idade e perfil social.

> Para quem usa aplicativos, falar ao telefone virou uma ação rara e, às vezes, até mesmo incômoda. Desse modo, uma chamada telefônica pode ser invasiva.

- **Intervenções artísticas**: Podem acontecer nas ruas das cidades, em ações especiais e ensaiadas. Assim como os *flashmobs* chamam a atenção das pessoas que estão passando, outras intervenções sonoras podem surtir o mesmo efeito.

Importante!

Recursos linguísticos

- **Depoimentos testemunhais ou citações:** São relatos de pessoas a favor da causa ou do produto, dando chancela a seu uso. Exemplo: Sou um famoso jogador de futebol e também uso esses chinelos.
- **Argumentos racionais baseados em elementos concretos:** Compõem-se de números ou de porcentagens que dão a impressão de seriedade e de legitimidade ao produto. Exemplo: Nossos testes comprovam que 70% das usuárias ficaram mais magras usando nosso produto.
- **Demonstrações de causa e efeito (aparentemente, irrefutáveis):** São criadas de forma a evidenciar os resultados (embora nem sempre apresentem fatos que tenham ligação entre si). Exemplo: Use o xampu X e fique linda.
- **Elementos expressivos e emotivos (como as figuras estilísticas):** Favorecem a especialidade das propagandas: mexer com as emoções humanas. Exemplo: Um pai sempre está presente.

Vale ressaltar que a redação de textos para formatos de publicidade sonora se aproxima da linguagem coloquial na medida em que permite a reprodução da fala da comunidade local, com seus trejeitos, suas gírias e seus sotaques. As emissoras, mesmo no caso das redes nacionais, têm na mídia local sua fortaleza, favorecendo a prestação de serviços e a proximidade com a população. Quando falarmos dos *spots*, no Capítulo 3, voltaremos ao tema da redação. No entanto, desde já, é importante frisar que, nessa categoria, a gramática formal da língua portuguesa pode sofrer alterações como consequência da adaptação à oralidade.

2.2
Propaganda institucional

A propaganda institucional utiliza uma linguagem que mescla informação e sedução. Afinal, sua intenção é promover algo. É um texto em estilo jornalístico, mas com produção de áudio apurada, ou seja, em formato publicitário, podendo oferecer trilha sonora e um tom mais ameno. Pode apresentar narrativas e alertas, e o humor também é permitido. Pode ainda constituir-se apenas de um *jingle* (conforme veremos no Capítulo 4), bem como ser usado na divulgação aberta de campanhas e de comunicados de instituições. Na rádio interna de empresas, promove integração entre os colaboradores e apoio às atividades desenvolvidas.

> A propaganda institucional utiliza uma linguagem que mescla informação e sedução. Afinal, sua intenção é promover algo.

2.2.1
Tipos de propaganda

A seguir, apresentamos alguns tipos de propaganda.

- **Ação pública**: Usada em formato de *spots* ou de programetes com o intuito de apoiar causas sociais ou governamentais.
- **Programa eleitoral**: Veiculado durante o horário gratuito de propaganda eleitoral. Depende do tempo a que o candidato tem direito. Frequentemente, utiliza *jingles*.
- **Programa político**: Transmitido durante a propaganda partidária, em formato jornalístico, inserindo testemunhais para respaldar as ações do partido. Adota *jingles* com frequência para suavizar a mensagem.

- **Programa governamental**: É comum a veiculação de *spots* que reforcem as ações de governo e deem visibilidade a programas estratégicos. Pode ser coordenado com várias outras ações políticas.

Mãos à obra

1) Proponha uma campanha prevendo o uso do rádio e de outras mídias sonoras considerando as seguintes informações:
    - Cliente: Mater Natura
    - Campanha: Reforço de marca

    Introdução

    A Mater Natura é uma organização não governamental (ONG) ambiental com a missão de conservar a diversidade biológica e cultural, visando ao desenvolvimento sustentável. Sua principal finalidade é auxiliar a preservação, a conservação, a recuperação e o manejo sustentável do meio ambiente, do patrimônio paisagístico, dos bens e dos valores culturais. Para isso, ela conta com uma estrutura organizacional responsável pela gestão e pela fiscalização das atividades que desenvolve e com uma equipe multidisciplinar que elabora e executa projetos em diversas áreas do conhecimento. Além disso, elabora e participa de ações de políticas públicas, em conjunto com uma rede de parceiros.

    Projeto
    - O projeto da Mater Natura é vender a ideia de seus produtos para que as empresas virem parceiras.

    Público-alvo
    - Empresas de todos os ramos que tenham consciência socioambiental, como Apple, Motorola e Nokia.

- Formadores de opinião e propagadores de mídia espontânea, como jornalistas e blogueiros.

Objetivos de comunicação

- Reforçar a marca da ONG e conquistar o apoio de novas empresas.

Posicionamento

- Posicionar o projeto da ONG como uma ação séria e duradoura, que trará grandes ganhos e visibilidade para seus parceiros. Além disso, mostrar que é uma iniciativa que visa ajudar o meio ambiente.

Em que tipos de mídia a peça será veiculada?

- A campanha só será veiculada no rádio e em outras mídias sonoras. Assim, toda a comunicação precisa ser adequada e direcionada a esse tipo de mídia.

Resumo do *job*[8]

- Campanha para divulgar lançamentos e conquistar parceiros.

Informações complementares ou obrigatórias

- Inserir o endereço eletrônico da ONG na assinatura da peça: <www.maternatura.org.br>.

2) Com base nesse mesmo *briefing*, crie um programa educativo para rádio, de 2 minutos, para veiculação seriada.

3) Agora que você já conhece várias possibilidades de comunicação publicitária radiofônica, sugira novas ideias de

---

[8] Job ("trabalho", em inglês) é jargão na área da publicidade.

peças que possam ser veiculadas tanto em rádio quanto em outra mídia sonora.

2.3
Roteiro

Independentemente do formato de publicidade pretendido, um **roteiro** deve servir de guia para a gravação do anúncio. Como a criação publicitária é um trabalho coletivo, o processo passa, basicamente, pelas seguintes fases: *briefing*, reunião de planejamento e criação, elaboração dos roteiros, aprovação do cliente, escolha da produtora, gravação, edição, aprovação final e veiculação. Especialmente entre a criação, a roteirização e a gravação na produtora, a ideia original pode passar por transformações, em razão do aperfeiçoamento da ideia ou por haver um roteiro que não está claro ou adequado.

O leitor ou o ouvinte, ao se deparar com um bom roteiro, visualiza a peça publicitária pronta e a ideia transmitida por ela fica clara desde a primeira vez. Inclusive, é possível perceber o tom adotado na composição, a textura das palavras, se elas fluem ou se alguma delas está inadequada ou gerando cacofonia.

Quando a peça apresenta *storytelling* (narrativa ficcional), normalmente está dividida em duas partes: a primeira compreende a narração da história, com duração média de 20 segundos, e a segunda diz respeito aos últimos segundos (entre 5 e 10), com assinatura do anunciante. É fundamental que o nome de quem está enviando a mensagem e o local onde se pode encontrar o produto ou o serviço anunciado sejam reforçados. Às vezes, pode ser necessário escolher entre endereço, *site* ou telefone, por questão de tempo. Assim, é necessário optar, junto com o contratante, pela forma de contato mais indicada. Se o ouvinte estiver no trânsito, por exemplo, um número de telefone seria mais útil, pois ele pode estar disposto a mudar de rota.

> quando os *spots* e jingles valem-se de versos, rimas, textos elaborados de forma a serem facilmente memorizados, assim como os anúncios impressos o fizeram [...], reelaboram signos dos textos orais, porém inseridos em uma mídia que ao privar o emissor e receptores da presença física estende o alcance da voz a inúmeros universos socioculturais que compõem a sociedade brasileira. (Silva, 1999, p. 26)

Especialmente no caso de narrativas ficcionais, a organização da mensagem pode ser resumida em três fases, balizadas pela relação "problema *versus* solução":

1) O problema é apresentado.
2) Ocorre o ponto de virada, quando se surpreende o ouvinte.
3) A solução do problema é apresentada, com a explicitação do anunciante.

Quanto ao formato do roteiro, há duas possibilidades: o texto pode ser corrido (Exemplo 2.1) ou disposto em forma de tabela (Exemplo 2.2). Agências de comunicação costumam usar roteiros em texto corrido. Já nas emissoras de rádio, o formato em tabela é mais comum.

Exemplo 2.1 Roteiro em texto corrido

Na parte superior do roteiro em texto corrido, encontra-se o **sumário**, com a identificação da agência, da produtora, do anunciante (cliente), do título da peça e da campanha (quando for o caso):

Agência: DM9DDB

Produtora: Dr.Dd/Raw

Anunciante: Banco Itaú

Título: Aniversário de São Paulo

Na primeira frase, identificam-se o local onde ocorre a história, seus personagens e o estilo da mensagem. O *spot* em questão é uma declamação poética em homenagem a São Paulo.

Técnica – trilha instrumental

Loc. 1 (homem) – Por incrível que pareça, 447 anos depois, a cidade de São Paulo continua falando a mesma língua: tupi-guarani. /

    Aqui, confusão a gente chama de sururu; /
    Chuva, toró; /
    Sanduíche é bauru; /
    Rio é Tietê; /
    Mulher feia é jaburu; /
    Diversão é Ibirapuera; /
    E banco é Itaú. /

Técnica – fade out trilha

Loc. 2 (standard) – Homenagem do Itaú, que em tupi-guarani quer dizer "pedra preta", aos 447 anos de São Paulo.

Fonte: Itaú, 2001.

Exemplo 2.2 Roteiro em tabela

Roteiro/ criação: DM9DDB	30"	Peça: Aniversário de São Paulo
Técnica		Locução
Trilha em BG		Loc. 1 (homem): Por incrível que pareça, 447 anos depois, a cidade de São Paulo continua falando a mesma língua: tupi-guarani. / Aqui, confusão a gente chama de sururu; / Chuva, toró; / Sanduíche é bauru; / Rio é Tietê; / Mulher feia é jaburu; / Diversão é Ibirapuera; / E banco é Itaú. /
Técnica – fade out trilha		Loc. 2 (standard): Homenagem do Itaú, que em tupi-guarani quer dizer "pedra preta", aos 447 anos de São Paulo.

Fonte: Itaú, 2001.

Relacionamos, a seguir, termos e símbolos comumente usados nos roteiros.

- Barra (/): Marcação de pausa no texto.
- Barra dupla (//): Marcação de final da frase.
- BG: Abreviatura de *background* (som de fundo, que pode ser ambientação ou música).
- Deixa: Última palavra da locução antes do corte final.
- *Fade in*: Sobe o som (aumento do volume da música em BG).
- *Fade out*: Queda de áudio (redução do volume da música em BG).
- LOC: Locutor (cada um dos locutores é representado por um número: LOC 1, LOC 2 etc.).
- Plica('): Usada para indicar minutos.
- Plica dupla ("): Usada para indicar segundos.
- Vírgula (,): Pequena pausa.

No que tange à locução, seguem algumas dicas:

- Respirar profundamente antes de começar a falar. Isso acalmará o locutor, que logo estará pronto para exercer a locução com naturalidade.
- Se locutor estiver sentado durante a gravação, deve se ajeitar comodamente na cadeira. Não pode ficar curvado para a frente, porque, assim, terá dificuldade para respirar, nem inclinado para trás, porque sua voz sairá como se estivesse cansado.
- Se permanecer em pé durante a gravação, precisará ficar parado, sem balançar-se de um lado para o outro. Também deve evitar chacoalhar o roteiro, pois o barulho pode ser registrado pelos equipamentos de áudio.
- Falar a aproximadamente um palmo do microfone, do início ao fim da gravação.
- É interessante expressar-se não apenas com as palavras mas também com o corpo. Dessa forma, as palavras serão pronunciadas com mais ênfase. Para isso, o locutor pode encenar enquanto fala, colocando o corpo em atitude expressiva.
- Pronunciar bem as palavras, especialmente a parte final de cada frase. É melhor falar um pouco mais lentamente do que o normal do que apressadamente e não ser compreendido.
- É fundamental pronunciar bem também as frases, subindo ou abaixando o volume da voz, para enfatizar palavras importantes. Afinal, no dia a dia, as pessoas modulam bastante a voz porque observam a reação de seus interlocutores. No rádio, como não dá para ver o público, o profissional pode cair na rotina da locução linear, sem variações – o que deve ser evitado.

- Procurar sentir o que fala. Isso fará bastante diferença no resultado final da locução.
- Controlar o fôlego durante a locução, procurando tomando ar no fim de cada frase. Expirar lenta e regularmente para que a respiração seja suave e silenciosa.

2.4 Gêneros textuais e formatos radiofônicos

Além do conteúdo abordado anteriormente, existem outros gêneros e formatos de criação para o rádio. É importante, especialmente para quem trabalha com planejamento publicitário, conhecê-los.

Gênero jornalístico

No gênero jornalístico, espera-se que sejam veiculadas informações dos fatos e análises dos acontecimentos cotidianos.

Formatos noticiosos

- **Nota**: Trata-se de um texto noticioso lido pelo locutor.
- **Reportagem**: Apresenta o trabalho de um profissional que realiza entrevistas e investiga assuntos. Para isso, ele redige previamente o texto e o grava, para, depois, a reportagem ser editada em ordem lógica.
- **Entrevista**: É uma conversa entre o jornalista e o entrevistado. As perguntas são realizadas pelo primeiro, e as respostas, pelo segundo.
- **Comentário**: Apresenta a opinião de um profissional renomado em alguma área sobre tema a ela relacionado. É comum quando se discutem temas como política, economia e esporte.

- **Editorial**: Retrata a opinião do veículo de comunicação. Não é assinado por nenhum jornalista.
- **Crônica**: É um texto leve sobre fatos do cotidiano.
- **Radiojornal**: Trata-se de notas ou reportagens externas apresentadas com entradas ao vivo dos repórteres. Algumas entrevistas podem ser realizadas no próprio estúdio da emissora, geralmente, com dois locutores, para dar mais dinamismo.
- **Audiodocumentário**: É uma narrativa pessoal que mostra com profundidade temas de interesse público ou curiosidades. Intercala entrevistas, músicas e textos do repórter, gerando vivacidade e emoção ao conteúdo.
- **Debate**: É realizado com três a quatro convidados com opiniões diferentes sobre determinado assunto e mediado por um jornalista.

Gênero educativo-cultural

- Programa instrucional.
- Audiobiografia.
- Documentário educativo-cultural.
- Programa temático.

Gênero de entretenimento

- Programa musical.
- Programa ficcional.
- Programete ou evento artístico.

Gênero publicitário – formatos mercadológicos

- *Spot*.
- Apoio cultural ou patrocínio.
- Texto-foguete.
- *Merchandising* ou testemunhal.
- *Teaser*.

- Programete.
- *Jingle*.
- Vinheta.
- Unidade móvel.
- Ações especiais.

Propaganda institucional

- Ação pública.
- Programa eleitoral.
- Programa político.
- Programa religioso.
- Programa governamental.

Gênero de serviço

- Notas de utilidade pública.
- Programete de serviço ou programa de serviço.

Gênero especial

- Programa infantil.
- Programa de variedades ou revista eletrônica.

Portanto, a rádio pode usar:

- **Texto informativo**: Relata os fatos sem sugerir ou enfatizar algo.
- **Texto narrativo**: Conta histórias ou fatos mostrando a vantagem do uso e do consumo do produto ou da ideia anunciada.
- **Texto testemunhal**: Desperta desejo pelo fato de uma autoridade falar a favor do produto ou do serviço anunciado.
- **Texto humorístico**: Pode ser realizado por meio de versos ou de diálogos.

Características do texto produzido para qualquer formato

- Permitir que o ouvinte capte a informação de maneira instantânea.
- Oferecer ao ouvinte a informação em poucas frases, breves e simples.
- Apresentar, em sua maioria, construções e sentenças em ordem direta (sujeito – verbo – complemento).
- Conter também frases em ordem indireta, para promover variação na linguagem, mas de forma moderada.
- Utilizar frases curtas, pois elas oferecem ao locutor uma leitura fácil e fluida, de maneira a não quebrar o ritmo do texto e a compreensão da mensagem.
- Utilizar, também, palavras curtas, pois as longas geralmente sugerem algo abstrato.
- Ser pontuado de tal forma que as unidades fônicas, e não as gramaticais, sejam marcadas. Há emissoras que usam símbolos, como os mencionados após o Exemplo 2.2. Entretanto, em um roteiro publicitário, isso não é necessário.
- Ser descritivo, a fim de permitir ao ouvinte formar imagens auditivas.
- Preocupar-se com a sonoridade das palavras, evitando rimas e cacofonias.
- Ser breve: informações que possam ser escritas em 8 linhas jamais devem ser escritas em 15.
- Ter ritmo e não ser monótono.
- Ser testado: o texto deve ser lido em voz alta antes da gravação. Essa ação serve para verificar como está o ritmo, ou seja, a "musicalidade" das frases, e ajuda a detectar desvios de linguagem (cacofonia e fluência). Lembre-se de que o texto será ouvido, e não visto.

Perguntas & respostas

Na publicidade radiofônica, existe somente o *spot* para rodar nos períodos de intervalo dos programas?

Não. Há outros formatos, como o *teaser* e o programete. Além disso, é possível inserir as informações do anunciante no decorrer dos programas com a produção de testemunhais, por exemplo.

Em termos de redação, quais caminhos devo seguir?

Lembre-se de que o rádio permite a simulação da oralidade. Assim, convém usar expressões do dia a dia, podendo-se também optar pelo humor, pela contação de histórias (narração) ou pela informação.

Síntese

Neste capítulo, observamos que a publicidade sonora apresenta vários formatos que podem ser veiculados em rádio ou em outras plataformas. No primeiro, são dez os formatos mais recorrentes: *spot,* texto-foguete, vinheta, apoio cultural ou patrocínio, *merchandising* e testemunhal, *teaser, jingle,* programete (conteúdo), unidade móvel e ações especiais. De todos eles, o *spot* é o mais utilizado, seguido pelo apoio cultural ou patrocínio.

Também discorremos sobre as modalidades distintas de texto que podem ser usadas nesses formatos publicitários, enfatizando que um dos pontos mais importantes em sua elaboração é que exista uma oralidade no anúncio, a fim de que a mensagem seja produzida para ser falada e ouvida, e não para ser apenas escrita e lida. Quando se está em um processo de planejamento e criação do anúncio, recomendamos que sejam pensadas possibilidades de veiculação da peça em outros formatos sonoros, além do rádio.

Questões para revisão

1) Para que é usado o *teaser*?
2) Quais as características de um bom roteiro?
3) Marque V para as afirmativas verdadeiras e F para as falsas.
   ( ) O roteiro segue um formato obrigatório.
   ( ) O bom roteiro reproduz a linguagem oral da comunidade em que a peça será veiculada.
   ( ) O roteiro é o guia feito antes de uma gravação.
   ( ) A montagem da peça pode ser conceitual ou descritiva.

   Agora, assinale a alternativa que apresenta a sequência correta:

   a) V, F, V, V.
   b) F, F, V, V.
   c) F, V, V, V.
   d) V, V, F, V.
   e) F, F, F, V.

4) Marque V para as afirmativas verdadeiras e F para as falsas.
   ( ) O *spot* é um relato publicitário realizado na rua junto com o anunciante ou em locais de bastante movimentação, com o intuito de promover a própria emissora ou o cliente.
   ( ) O texto-foguete, um trecho curto cuja duração varia de 10 a 15 segundos, é normalmente utilizado para uma chamada específica, como promoções. É estratégico para a promoção de eventos que vão ocorrer no fim de semana, por exemplo, como um feirão de automóveis.
   ( ) A unidade móvel é o anúncio radiofônico mais conhecido pelo público e compõe a maior parte do espaço comercial das emissoras. Normalmente, sua duração varia de 30 segundos a 1 minuto,

é pré-gravado, usa textos informativos, persuasivos, narrativos e poéticos e deixa claro quem é o anunciante.

( ) O *merchandising* é uma peça publicitária camuflada de comentários realizada pelo apresentador do programa e não tem duração definida. Pode ser pré-gravado, ter o texto redigido anteriormente ou ir ao ar ao vivo, de maneira informal.

Agora, assinale a alternativa que apresenta a sequência correta:

a) F, F, F, V.
b) F, F, V, F.
c) V, V, V, V.
d) F, V, F, V.
e) V, V, F, V.

5) Marque V para as afirmativas verdadeiras e F para as falsas.
( ) As três formas de montagem de um anúncio são: conceitual, realista e criativa.
( ) Os *spots* são o formato de anúncio mais veiculado nas rádios brasileiras.
( ) A redação publicitária para rádio deve ser invocativa, nítida e simples.
( ) O *teaser* é usado para provocar curiosidade e precisa manter coerência com os demais elementos da campanha.

Agora, assinale a alternativa que apresenta a sequência correta:

a) F, V, V, V.
b) V, F, F, V.
c) F, V, F, V.
d) V, F, F, V.
e) F, F, V, V.

Questões para reflexão

1) Identifique na emissora de sua preferência os anúncios publicitários que ela veicula ao longo de sua programação e reflita sobre seus conteúdos.

2) Preste atenção ao texto dos anúncios veiculados pela emissora escolhida e identifique o estilo dos textos.

3) Agora, selecione uma emissora totalmente diferente da que escuta habitualmente. Quais as diferenças nos formatos dos anúncios que ela veicula em relação aos da emissora de sua preferência?

3
Spots publicitários

Conteúdos do capítulo

- O que são *spots*.
- Importância da locução.
- Recursos de criação.

Após o estudo deste capítulo, você será capaz de:

1. compreender a estrutura de um *spot*;
2. produzir roteiros para *spots*.

Juntamente com os *jingles*, os *spots* publicitários correspondem ao formato mais identificado com a mensagem radiofônica com fins de venda e convencimento. Segundo Silva (1999, p. 45), "o desenvolvimento do *spot* como peça radiofônica muito contribuiu para que o rádio descobrisse a sua própria sintaxe". Inseridos nos intervalos da programação das emissoras, os *spots* geralmente têm duração de 30 segundos (podendo variar até 45 segundos) de produção pré-gravada e, neles, podem ser utilizados os códigos de linguagem explicados no Capítulo 1: o idioma, a sonoplastia, a música e o silêncio. Isso não significa que é necessário usá-los todos, mas que essas linguagens devem ser complementares e utilizadas de forma harmônica apenas no intuito de valorizar a mensagem. Para Bertomeu (2008, p. 61-62), "A criação é apontada num ambiente dinâmico que se caracteriza pela flexibilidade, mobilidade e plasticidade onde acontecem infindáveis cortes, adições, substituições, deslocamentos, o que pode gerar diferentes possibilidades de obras que são modificadas ao longo do percurso".

> Juntamente com os *jingles*, os *spots* publicitários correspondem ao formato mais identificado com a mensagem radiofônica com fins de venda e convencimento.

A duração dos *spots* – de 30 a 45 segundos, como já foi mencionado – acabou sendo determinada pelas emissoras que organizam seus horários comerciais em intervalos divididos em 15 segundos. Nesse formato, a mensagem, para chamar a atenção do consumidor, é estruturada com duração de 20 a 25 segundos, com textos narrativos, humorísticos ou mesmo informativos.

De maneira geral, os últimos segundos dos *spots* são destinados à assinatura do anunciante e à apresentação de seu *slogan*, ambos narrados em locução padrão. Para isso, é muito importante selecionar a voz que melhor represente o anunciante ou o produto, pois uma voz formal demais não gera identificação com o público jovem, como no anúncio de uma marca de produtos para a prática de *surf*. Nesse caso, seria melhor ter uma locução jovem que conseguisse persuadir o público pelo tom de sua voz, gerando nas pessoas a sensação de pertencimento àquela marca. Silva (1999, p. 53) alerta que o "texto do *spot* torna-se a melhor expressão da linguagem radiofônica por ter que, a partir de poucas palavras, articular conceitos e ideias sobre um produto, serviço ou instituição".

O cuidado com a criação do anúncio é um dos desafios dos profissionais da publicidade, pois "os comerciais geralmente são considerados pelo ouvinte como uma interferência e, assim, uma mensagem que pareça ser entediante e ao mesmo tempo inadequada será duplamente desagradável" (Hausman et al., 2010, p. 269). Dessa maneira, saber usar adequadamente – e na medida certa – os códigos de linguagem disponíveis exige treino e habilidade nos modos de ouvir. Carl Hausman et al. (2010, p. 271) reforçam que:

> mesmo sem regras estritas, sentimos que o princípio mais importante da propaganda de rádio é que os comerciais, assim como a programação, devem atrair a atenção do público, sem ser irritantes, porque os ouvintes conseguem, especialmente nos carros, sintonizar outra emissora simplesmente apertando um botão.

Portanto, devem ser sempre observados com criticidade tanto o uso do humor como estratégia quanto o timbre das vozes, para o anúncio não ultrapassar a divisa entre a inteligibilidade e o exagero desnecessário.

3.1
A locução

O rádio tem como base a voz; por isso, a locução cênica ou *standard* deve receber atenção especial nesse veículo. Uma voz considerada "bonita" não é, necessariamente, a mais eficiente para narrar um comercial e ser a representante de determinado anunciante ou marca. Essa consciência de que a locução é percebida como "a voz" de quem emite a mensagem é fundamental para a realização de melhores escolhas. Conforme explica Silva (1999, p. 54), "A voz faz presente o cenário, os personagens e suas intenções; a voz torna sensível o sentido da palavra, que é personalizada pela cor, ritmo, fraseado, emoção, atmosfera e gesto vocal".

Nesse sentido, é a voz que dá vida a uma gravação, sendo complementada e fortalecida pelos outros recursos sonoros (música, sonoplastia e silêncio). É ela que agrega novos sentidos à palavra escrita, gerando personalidade e tatilidade e imprimindo sentidos. Uma empresa tradicional, por exemplo, será mais bem representada por uma voz mais grave. Já um anunciante que pretende atingir os jovens precisa conversar com a audiência por meio de uma voz que transmita identificação com esse público. Por isso, "Um locutor deve transmitir credibilidade. Basicamente, alguém que interpreta um diplomata não poderá soar como uma pessoa de 21 anos" (Hausman et al., 2010, p. 282).

Dessa forma, um problema surge também quando há acomodação com um estilo de locução *standard* que não agrega personalidade ao anúncio. Assim, a produção sonora acaba perdendo impacto, e o *spot* não se diferencia de outros formatos por fazer uso de uma locução muito parecida com as daqueles.

> Apesar das demandas de representatividade e plasticidade vocal, a locução publicitária e comercial tem apresentado características estilísticas e vocais estereotipadas, que vêm sendo reproduzidas como modelos pelos locutores, limitando suas possibilidades expressivas e interpretativas. Em geral, há uma tendência à neutralização de padrões, com aproximação da fala coloquial. Daí a prevalência das qualidades vocais fluida e neutra, articulação normal, ressonância equilibrada, intensidade normal e velocidade de fala normal. (Penteado, 1998, p. 67).

Um estudo realizado no Laboratório de Análise Experimental da Comunicação, da Universidad Autónoma de Barcelona, Espanha, revelou que as vozes mais influentes em anúncios de produtos infantis são as alegres e que expressam estabilidade. Já para a venda de perfumes, as mais indicadas são as vozes masculinas e sensuais.

Nesse sentido, Regina Zanella Penteado (1998, p. 67) observa que as vozes masculinas representam autoridade e credibilidade:

> As locuções publicitárias trazem especificidades interessantes quanto ao sexismo na voz. Há marcadores e características vocais que diferem a locução masculina da feminina: na locução masculina são utilizados, com maior enfoque, altura grave, ressonância laringo-faríngea e registro modal-peito. A qualidade

vocal crepitante é marcador exclusivo de locuções masculinas. Os marcadores específicos da locução masculina são compreendidos como representativos da imagem masculina de força, autoridade e segurança, socialmente valorizada e reforçada pela mídia como recurso de credibilidade.

O sexismo é evidente quando as locuções acentuam a força masculina e relacionam a voz feminina à sensualidade. A estereotipagem é bastante complicada, e a publicidade não pode seguir intensificando o senso comum. Pelo contrário, a publicidade tem o papel de trazer à sociedade pontos de vista distintos, respeitando a liberdade e os modos de ser de cada um.

> Na locução feminina são utilizadas as alturas média e grave em proporções equivalentes, o que demonstra forte tendência feminina em buscar a imitação do modelo de locução masculina. As qualidades vocais soprosa e sussurrada e o ataque vocal aspirado são marcadores de voz feminina nas locuções publicitárias, suscitando representações de sensualidade, sedução e suavidade da imagem feminina pelos meios de comunicação de massa. (Penteado, 1998, p. 67-68)

Um texto emocional precisa percorrer menos barreiras para impactar o ouvinte. Para criar essa emoção, o ritmo e o tom da voz têm de ser coerentes com a própria sensação a ser criada. O tom de uma abordagem mais intimista, como a de amigos conversando, costuma gerar uma impressão de menos invasão e de menos interrupção à atividade radiofônica.

> A publicidade tem o papel de trazer à sociedade pontos de vista distintos, respeitando a liberdade e os modos de ser de cada um.

Conforme explicam Paulo César d'Elboux et al. (2012, p. 22, grifo nosso), "Este tipo de abordagem textual ele [Figueiredo, 2005] chama de **soft sell**, que no jargão publicitário, correspondem a textos mais delicados, sussurrados e com foco no receptor". Dessa forma, com emoção, a tendência é o anúncio ter um poder de persuasão maior, já que maiores também são as chances de ele entrar na cabeça do consumidor sem que este conteste a mensagem. Na encenação vocal, a emoção é materializada pelo tom da voz, pelo timbre, pelo ritmo e pela intensidade da narração.

> O ritmo, juntamente com a entonação na performance do locutor, que se diferencia da entonação explorada na mídia audiovisual e até mesmo do teatro, pois é uma voz de uma pessoa que não tem imagem e que é ampliada pelo microfone, deve reproduzir a naturalidade e a variação presentes na expressão oral cotidiana, explorando criativamente a sonoridade de um texto elaborado para este meio acústico coordenado essencialmente pelo tempo. (Silva, 1999, p. 66)

Contudo, também há emissoras e anunciantes que pecam pela falta de criatividade, como bem lembra Barbosa Filho (2003, p. 123):

> O texto do espote e sua realização por meio da linguagem do áudio acompanham as regras da peça radiofônica ficcional, geralmente próxima das humorísticas. Todavia, podem existir espotes que por medida de economia ou falta de criatividade apresentem-se como locuções diretas, reproduzindo a ação de "venda no balcão" ou até de "pregão" – divulgação de um produto e um serviço realizado em público, com o uso de forte entonação vocal ou de instrumentos de amplitude de voz, como megafones e alto-falantes –, sem que se utilize fundo musical ou qualquer efeito sonoro de apoio.

Há uma disputa entre agências e emissoras no que tange à venda direta ao anunciante. O risco quando um espaço publicitário é comprado diretamente é de que a peça sonora não tenha nenhuma relação com as demais peças de comunicação da empresa, além de ser gravada no estilo "linha de produção", ou seja, sem diferenciação ou apelo criativo em comparação às outras.

Uma das características que mais devem ser enfatizadas é que a locução em um *spot* precisa apresentar interpretação vocal cênica, o que significa que a produtora deve contratar atores para a encenação das histórias contadas nos segundos iniciais da peça. Já na parte da locução *standard*, é fundamental escolher uma voz que se relacione com a marca, tendo em mente o gênero, a idade e o timbre do locutor. Como foi explicado no Capítulo 1, o grão de voz imprime uma personalidade que não pode ser disfarçada com as técnicas vocais. Além disso, essa voz deve interpretar os valores que o anunciante adota (leveza, modernidade, tradição). Assim, existem formas distintas de se narrar a assinatura em um *spot*, como reforça McLeish (2001, p. 99): "se a ideia for transmitir segurança e confiança, isso dever ser transmitido no texto, mas também na voz e na música utilizada. Todos os elementos precisam ser coerentes para, combinados, apoiarem a premissa, associando a ela o produto".

É o que Raymond Murray Schafer (2001, citado por Kaseker, 2012), denomina **paisagem sonora**, ou seja, a percepção dos sons ocorre quando se identificam elementos como **figura** (sinal ou marca que se destaca de acordo com os hábitos e o estado de espírito de quem ouve), **fundo** (caracterização do ambiente) e **campo** (todos os sons da paisagem sonora). Kaseker (2012, p. 41) afirma que "estabelece-se o que está em primeiro plano e se configura ação principal; o segundo plano, que ambienta essa ação e fornece informações de contextualização; e, finalmente, o terceiro plano, mais distante, que serve como cenário".

Como já foi ressaltado, os códigos sonoros devem estar em harmonia e ser empregados estrategicamente. Isso vale para a voz, o ritmo, a sonoplastia e o silêncio. Silva (1999, p. 80) enfatiza o quanto a música pode gerar, pela categoria, identificação com os ouvintes: "No *spot* publicitário, [...] o mesmo produto pode ser produzido com trilhas (ritmo, melodia, tons, altura e intensidade) diferentes em função do perfil do seu receptor/consumidor".

Entre os aspectos interpretativos da voz elencados por César (2009), destacam-se os seguintes:

- **Tessitura**: É o espectro de alcance de cada voz, representando a variação natural entre as notas vocais graves, médias e agudas.
- **Modulação**: Trata-se do movimento harmônico da voz durante a locução.
- **Ritmo**: Pressupõe velocidade e pausas intercaladas para ditar a emoção requerida.
- **Inflexão de sorriso**: Gera carisma durante a narração.
- **Articulação**: Relaciona-se à pronúncia correta dos fonemas e pode ser adquirida com treinamentos.

Na produção em estúdio, é necessário que a equipe se atente ao posicionamento dos microfones dos atores durante a gravação. Sobre isso, Hausman et al. (2010, p. 263) questionam: "você acreditaria que alguém está gritando do outro lado da rua, se o ator mantivesse o microfone a 10 cm da boca? Uma conversa íntima pareceria natural se fosse captada por um microfone, na sala, a vários metros de distância?".

Exercícios para desenvolvimento de articulação, pronúncia e dicção[1]:

- "As bruzundangas do bricabraque do Brandão abrangem broquéis de bronze brunido, brocados, bruxuleantes, brochuras, breviários, abraxas brasonadas, abrigos e brinquedos."
  [...]
- "A frota de frágeis fragatas fretadas por frustrados franco-atiradores enfreados de frio naufragou na refrega com frementes frecheiros africanos."
  [...]
- "O cabeleireiro maneiroso curou a cefaleia dos barbeiros, leiteiros, padeiros, quitandeiros e peixeiros que levaram a bandeira do eleitoreiro."
  [...]
- "A serrilha do serrote do carpinteiro range serrando a ripa verde."
  [...]
- "Sófocles soluçante ciciou no Senado suaves censuras sobre a insensatez de seus filhos insensíveis."

Exercício para desenvolvimento da dicção e do ritmo bilabial:

Quando um locutor "come" o final das palavras, não compreendemos exatamente o que ele falou. Para evitar casos como esse, é preciso tomar cuidado com a omissão de determinadas letras, como s, r e l. Pode-se aprimorar a locução praticando exercícios para fortalecer a musculatura do rosto. Por exemplo, tentar falar rapidamente "Na boca do beco, na bica do belo, uma brava cadela berrava bau" (César, 2009).

---

[1] Trecho extraído de César (2009).

Exercício terapêutico diário para relaxamento antes de falar:[2]

Procure emitir de forma suave, com baixa intensidade, as sílabas que se seguem:

Me... Tru... Vê... Zê... Jé...

Observação: Comece a fazer o exercício de forma linear, depois repita-o de forma não sequencial.

Exercícios para articulação:

Quando não se articulam bem as palavras, falta clareza na locução. Por isso, leia os textos a seguir em voz alta, procurando articular cada palavra com precisão.

- "O mameluco melancólico meditava e a megera megalocéfala macabra e maquiavélica mastigava mostarda na maloca. Minguadas e mingutas de moagem mitigavam míseras meninas." (César, 2009)
- "E há nevoentos desencantos dos encantos dos pensamentos nos santos lentos dos recantos dos bentos cantos dos conventos. Prantos de intentos, lentos tantos que encantam os atentos ventos." (César, 2009)
- "A hidra adriática e o dragão, ladrões do dromedário e do druida, foram apedrejados." (César, 2009)

Por fim, tente falar o texto a seguir cada vez mais rapidamente.

"Um prato de trigo para um tigre; dois pratos de trigo para dois tigres; três pratos de trigo para três tigres; quatro pratos de trigo para quatro tigres; cinco pratos de trigo para cinco tigres; seis pratos de trigo para seis tigres; sete pratos de trigo para sete tigres; oito pratos de trigo para oito tigres; nove pratos de trigo para nove tigres; dez pratos de trigo para dez tigres." (César, 2009)

---

[2] Trecho extraído de César (2009).

3.2
Palavra e emoção na criação de *spots*

A criação publicitária se realiza com base no que foi descrito anteriormente: gerar no ouvinte certa insatisfação com a vida.

> O consumidor não se surpreende pelo fato de o produto não cumprir a promessa do anúncio, pois a vida se acostumou a isso: a busca da felicidade e do sucesso é normalmente uma busca vã. Mas é preciso alimentar a fantasia: no seu mundo onírico, ele se deleita em um "futuro continuamente adiado". (Berger, 1999, p. 146)

Assim, há apelos psicológicos implícitos ou explícitos na mensagem publicitária – e isso independe dos veículos a que ela se destina –, como realização pessoal, medo de rejeição, venda de um futuro desejável, apelo ao prestígio e superioridade.

Outra questão que deve ser lembrada é que "a forma com que a palavra é apresentada no rádio geralmente varia de acordo com o tipo de público que a recebe" (César, 2009, p. 130). Quando a intenção é traduzir essas emoções, instigar o público e destacar o anúncio dos outros, todos os recursos contam, desde o uso estratégico do silêncio e da música até a expressão verbal adotada.

> Palavras podem influenciar o humor. Note como as palavras *jantar* e *comer* criam sensações diferentes. Isto também ocorre com **investir** e **comprar**. O som físico também tem um efeito. *Business* não é uma boa palavra para o ouvido porque os sons de S tornam a palavra muito sibilante e menos atrativa. (Hausman et al., 2010, p. 248, grifo do original)

Nos anúncios, os profissionais devem usar efeitos sonoros para criar efeitos dramáticos e economizar tempo e palavras. O impacto gerado pelos efeitos valerá a pena e tornará possível reforçar informações como onde encontrar o anunciante. Afinal, "às vezes, dois segundos de efeitos sonoros podem economizar várias linhas de diálogos, fazendo com que o texto do comercial seja mais simples" (Hausman et al., 2010, p. 238). Os autores também lembram a importância da música, utilizada com o mesmo objetivo:

> comerciais de bebidas não alcoólicas dependem da capacidade de produção de rádio de criar entusiasmo para fazer que o produto atraia um mercado que busca excitação, agitação e alegria de viver. A música escolhida – fora as letras, que falam sobre os benefícios da bebida – deve sustentar esse clima de entusiasmo. (Hausman et al., 2010, p. 237)

Reforçando o que foi dito no primeiro capítulo, há quatro possibilidades básicas de códigos de comunicação sonora: o idioma, a sonoplastia, a música e o silêncio. Até agora, neste capítulo, apenas os três primeiros foram mencionados, e, sobre o quarto, é importante lembrar:

> o silêncio fala, pois sua linguagem é composta de pausas e intervalos que podem expressar sentimentos, dúvida e reflexão. A pausa durante a leitura do texto, bem como o espaço inserido durante a fala, ressalta e valoriza a compreensão da linguagem. No entanto, o silêncio – quando presente entre músicas e conteúdos falados – tende a diminuir o ritmo e a velocidade da programação. (César, 2009, p. 131)

O ato de criação passa pelo *brainstorming*, ou seja, com base no problema a ser resolvido, são lançadas as mais variadas propostas. Especialmente quando o profissional está criando peças sonoras, ser inteligível instantaneamente é um dos desafios da produção. O ouvinte precisa ouvir, entender, memorizar; portanto, "sendo a assimilação e a memorização as principais preocupações ao se elaborar uma mensagem publicitária, cada vez mais o texto verbal-escrito para o rádio deve ser estruturado a partir de frases concisas, de forma atraente, clara e persuasiva" (Silva, 1999, p. 46). Para esse processo, José de Souza Martins (1997) sugere que sejam realizadas associações de ideias:

- **Por contiguidade ou proximidade de elementos, mesmo que sejam diferentes**: pneu lembra carro, que lembra viagem, que lembra estrada, que lembra distância.
- **Por semelhança ou suposição de significados**: tartaruga lembra lentidão, fogo lembra destruição.
- **Por sucessão ou decorrência de ideias, uma após a outra**: nuvens escuras – chuva – chão imundo.
- **Por contraste ou oposição entre ideias**: frio/calor, dia/noite, grande/pequeno.

Assim, na hora de contar uma história no *spot*, deve-se lembrar de que "Há outras possibilidades, mas um único aspecto do produto que seja fácil de lembrar é bem mais eficiente do que tentar descrevê-lo em detalhes" (McLeish, 2001, p. 98). E, antes de redigir o texto da peça, é importante identificar claramente quando e onde a história acontece, quem são os personagens envolvidos, qual o tom adotado e como ela acaba.

Observe o Exemplo 3.1, a seguir, de uma campanha a favor do transporte ecológico. No roteiro, a primeira frase identifica o local onde ocorre a história (localização e temporalidade). Em seguida, há o diálogo entre os personagens (percurso da ação) e, quando retorna a locução, o desfecho, com o estímulo do uso da bicicleta e a assinatura do anunciante.

Exemplo 3.1 *Spot*

Agência: Local

Cliente: Ciclovida

Campanha: Natureba

Peça: *spot* de 30 segundos

Personagens: garçom (homem jovem e animado); cliente (mulher jovem e descontraída)

A peça se passa em um café e retrata a conversa entre um garçom e uma cliente.

Técnica – ouvem-se ruídos de pessoas conversando e de pratos sendo manipulados

Garçom – E aí, o que que vai ser hoje?

Cliente (simpática) – Humm... Pão com mortadela e suco de laranja, por favor.

Garçom (naturalmente) – Açúcar normal ou aditivado?

Cliente – Normal.

Garçom – Completa?

Cliente – Completa!

Técnica – ruídos se encerram; entra música de fundo, animada

Locutora (simpática e calma) – Vá de *bike*. O combustível? É seu café da manhã. Você também economiza na manutenção trocando seu carro pela bicicleta. A manutenção da *bike* vale bem mais a pena.

> Assinatura da campanha (mulher jovem, *standard*) – Escolha ir de *bike*.
>
> Realização – Programa Ciclovida.

Observe que, na redação da peça, há ênfase nas palavras *bike* e *bicicleta*. No rádio, é necessário repetir a principal mensagem para propiciar a memorização do ouvinte diante do cenário de distração a que ele está exposto. Conforme Silva (1999, p. 52), "a repetição e a redundância presentes no texto verbal-escrito são estratégias de sobrevivência dessa mídia".

Na elaboração do texto, é preciso também contemplar os seguintes itens:

- **Impacto**: A situação surpreendente é mais fácil de ser lembrada. Pode ser gerado pelo formato adotado (diálogos, locução, trilha e ambientação) ou pela história contada.
- **Emoção**: A busca de pontos de identificação com o público deve ser observada. Para isso, podem ser usados recursos como trilha sonora e silêncio.
- **Desejo**: Os elementos psicológicos motivadores devem ser evidenciados, pois só se compra o que se deseja. São exemplos: felicidade, alegria e prazer (cervejas, hotéis); juventude e virilidade (carros, roupas); autoestima e bem-estar (roupas, cosméticos); saúde, segurança e qualidade de vida (planos de saúde, alimentos); amor e erotismo (*lingeries*, perfumes); economia de tempo e praticidade (eletrodomésticos).
- **Ritmo**: A alternância no tom da peça deixa o texto menos monótono. Para isso, pode ocorrer a utilização de efeitos sonoros e de sonoplastia.

Tiago Barreto (2004) afirma que há vários enfoques possíveis para a criação. Ainda que Barreto tenha escrito seu livro destinado inicialmente para a plataforma audiovisual, é possível adaptar seu raciocínio para a publicidade sonora, que deve estimular o suspense, o erotismo, a alegria ou o drama, de acordo com o estilo de sua produção: orientado para o indivíduo, para a história ou para o produto.

Orientado para o indivíduo

- **Endosso de celebridades**: A mensagem é apresentada por um indivíduo reconhecido como celebridade. Deve-se lembrar que, no *spot* para rádio, quem fala não é visto; logo, é necessário que o ouvinte identifique de início quem é a celebridade. Para isso, ela deve se apresentar: "Oi, aqui é o João da Silva!".
- **Endosso de pessoa típica**: A mesma situação, mas, dessa vez, a mensagem é apresentada por uma pessoa que não é famosa.

Orientado para a história

A história contada nos 20 primeiros segundos do *spot* é mais relevante que sua demonstração. Observe o roteiro a seguir, no qual a história do casal é contada com base em trilhas sonoras de filmes e, somente no fim da peça, aparece o nome do anunciante.

Exemplo 3.2 *Spot* orientado para a história

Roteiro: Cineminha[3]

Spot: todos os gêneros; 60"

Loc. 1 (homem, em tom de comédia) – Casal feliz chega à bilheteria do cinema. (em tom malicioso e sarcástico) Humm! Vão namorar no escurinho do cinema, então?!

Técnica – burburinho de shopping; barulho de pipoca estourando

Loc. 1 – Ele diz que quer um filme de ação.

Técnica – trilha sonora do filme Missão impossível

Loc. 1 – E ela pediu uma pitada de romance.

Técnica – trilha sonora do filme Titanic

Loc. 1 – Ele aceita se for um suspense...

Técnica – trilha sonora do filme Tubarão

Loc. 1 – Já ela mudou de ideia e quer uma comédia.

Técnica – efeito de risos, gargalhadas e burburinhos

Loc. 1 – Ou que tal uma animação? (ênfase na interrogação)

Técnica – música Hakuna Matata, *do filme* O rei leão

Loc. 1 – Agora ele não abre mão de um terror.

Técnica – trilha sonora do filme Psicose

Loc. 1 – Calma, casal, não precisa brigar. No Cineminha, há um bom filme para todos os gêneros.

---

[3] Roteiro elaborado pela autora junto com Camila Lelis e Leonardo Silva.

> *Técnica – pausa (silêncio)*
>
> Loc. 2 (voz *standard*) – Cineminha, filmes para todos os gostos. Inclusive o seu.

Orientado para o produto

Nesse caso, o enfoque é a demonstração ou a apresentação do produto.

Importante!

Elementos eficientes em um spot

- **Particularidade**: Ainda que seja ouvido por um grupo de pessoas, a audiência é sempre individual; portanto, os verbos também devem ser direcionados a um sujeito em particular.
- **Repetição**: O áudio é efêmero e os ouvintes estão, na maioria das vezes, em movimento. Por isso, devem-se repetir as informações sobre o anunciante.
- **Narração**: O *storytelling* é uma forma criativa de atrair atenção. É preciso ser simples e surpreendente ao contar uma história.
- **Surpresa**: Os diferentes códigos sonoros (idioma, sonoplastia, música e silencia) compõem um universo a ser explorado a fim de surpreender os ouvintes.
- **Ênfase**: Pode parecer bobagem, mas acontece: às vezes, o *spot* termina e o ouvinte não sabe dizer quem é o anunciante ou o que ele quer transmitir.

Problemas comuns nos spots

- excesso de efeitos sonoros;
- desconhecimento do público da rádio e do consumidor;

- aposta no humor, achando que ele é o melhor caminho para transmitir a mensagem;
- descuido com o texto, esquecendo-se de lê-lo em voz alta e de testar as vozes;
- repetição da trilha sonora;
- falta de foco, tratando de temas desconexos;
- esquecimento do contato do anunciante.

Mãos à obra

Produza, de preferência em estúdio, as peças para o seguinte *briefing*:

- Cliente: Urbanização de Curitiba S/A (Urbs)
- Campanha: Busão sem Abuso
- Peça 1: *spot* de 30 segundos com versão reduzida para 15 segundos

Introdução

A Urbanização de Curitiba S/A (Urbs), inaugurada na década de 1960, é uma empresa de economia mista que controla o sistema de transporte público da capital paranaense. Primeiramente, era responsável pelo Fundo de Urbanização de Curitiba (FUC), para consolidar obras de infraestrutura, programas de equipamentos urbanos e atividades relacionadas ao desenvolvimento urbano da cidade – pavimentação, iluminação, saneamento e paisagismo (Urbs, 2018). Em 1986, a Urbs passou a gerenciar o sistema de transporte coletivo de Curitiba. Atualmente, quase 1,3 milhão de passageiros usam esse sistema diariamente, apresentando 64,7% de satisfação com os serviços.

Público-alvo

Pessoas de ambos os sexos, das classes B, C, D e de todas as idades, que utilizam o transporte público como meio de locomoção em Curitiba.

Comunicação

Histórico da comunicação

A campanha Busão sem Abuso foi lançada no Dia Internacional da Não Violência contra as Mulheres e visa combater casos de assédio sexual no transporte coletivo de Curitiba. Para isso, foram distribuídos uma cartilha e cartazes com orientações às passageiras dos ônibus da cidade, além de ser disponibilizado conteúdo sobre o tema na internet. Dessa forma, espera-se que as situações de abuso sejam mais facilmente identificadas e que mais denúncias desses fatos sejam feitas (Prefeitura..., 2014). Segundo a Urbs (2015b), "A campanha 'Busão Sem Abuso' é uma parceria da Prefeitura de Curitiba, por meio da Secretaria da Mulher, Guarda Municipal e Urbs – Urbanização de Curitiba, com os sindicatos patronal e dos trabalhadores no transporte coletivo da Capital". Como efeito dessa campanha, a Guarda Municipal de Curitiba já havia registrado "20 ocorrências de assédio sexual, prática de atos obscenos e de atos libidinosos nos ônibus de Curitiba" (Urbs, 2015a) somente nos primeiros quatro meses de implementação da campanha.

Objetivos da comunicação

Após o sucesso da campanha no meio gráfico, com o uso de uma cartilha e de cartazes, a Urbs quer ampliar sua atual comunicação para o rádio, em comemoração ao primeiro ano do lançamento da campanha Busão sem Abuso, exatamente no Dia Internacional da Não Violência contra as Mulheres.

Obrigatoriedade (identidade da marca, assinatura, fonte, logo etc.)

Na campanha a ser realizada, deve ser citado o número 153, telefone da Guarda Municipal de Curitiba, que recebe denúncias de assédio no transporte urbano da cidade. Deve-se também usar o *slogan* da campanha: "busão sem abuso".

Pontos-chave para a criação (tom, mensagem principal, mote etc.)

Deve-se usar uma linguagem séria, que chame a atenção do público-alvo por meio do apelo que a questão suscita, sem soar institucional e repleta de informações.

Posicionamento

Deve-se reforçar a campanha Busão sem Abuso, deixando claro o posicionamento da Urbs em não tolerar o tipo de conduta que a empresa combate, intervindo, com a Guarda Municipal de Curitiba, nas ações dos agressores.

Resumo do briefing

- Peças: *spot* de 30 segundos com redução para 15 segundos.
- Objetivo: reforçar a campanha Busão sem Abuso também no meio eletrônico, por meio do rádio.
- Verba: não definida.
- Praça de veiculação: Região Metropolitana de Curitiba.
- Período: 3 meses.
- Meio: rádio.

3.3
O uso do humor[4]

Descobrir o lugar que o humor ocupa na comunicação publicitária impõe adotar uma visão que privilegie seu valor heterogêneo, pois não existe especificamente um humor publicitário, mas várias classes desse tipo de linguagem que podem ser utilizadas.

O rádio, que tem, entre suas características, o entretenimento, acaba fazendo uso do riso como parte de sua rotina criativa. Existe, certamente, uma classe de humor publicitário que está relacionada ao fato de a mensagem ser um enunciado (comercial) veiculado por determinado meio de comunicação e produzido em um contexto de competitividade (comercial), em que o anunciante tem de falar mais alto, ou, ainda, uma classe de humor em que as piadas são centradas no próprio produto ou referentes à *performance*, mais ou menos ridícula, do ator que o apresenta.

Por fim, existe também uma classe cujas anedotas – paródicas ou satíricas – por vezes exprimem, explícita ou implicitamente, situações de mercado acerca das quais o anunciante toma determinada posição.

Designaremos a primeira classe por *humor fático*; a segunda, por *humor comercial*; a terceira, por *humor emotivo*; e a última, por *humor intertextual*. A seguir, apresentamos sinteticamente cada uma delas, salientando que, nas mensagens de

---

4 Esta seção foi escrita com base no artigo *O riso no ar! Apontamentos sobre o humor na comunicação publicitária radiofônica*, escrito por Eduardo Camilo e Luciana Panke. Para visualizá-lo, consulte: CAMILO, E.; PANKE, L. O riso no ar! Apontamentos sobre o humor na comunicação publicitária radiofônica. In: CONGRESSO BRASILEIRO DE CIÊNCIAS DA COMUNICAÇÃO, 31., 2008, Natal. **Anais**... São Paulo: Intercom, 2008. Disponível em: <http://www.intercom.org.br/papers/nacionais/2008/resumos/R3-1428-1.pdf>. Acesso em: 25 jul. 2018.

publicidade, podem coexistir diferentes classes, não obstante o fato de algumas serem predominantes.

O humor fático

O humor fático é um recurso expressivo relacionado ao estado de sobre-investimento publicitário de alguns meios de comunicação, com especial destaque para os audiovisuais (rádio e televisão). É utilizado como forma de contornar os intervalos publicitários cada vez mais longos e, simultaneamente, as abordagens criativas mais espetaculares. A piada surge como um estratagema discursivo que visa, na medida do possível, destacar o anúncio das dezenas de outros que com ele concorrem na disputa pela atenção do espectador.

No âmbito do humor fático, a comicidade atua na produção de outros efeitos pragmáticos. Ela serve, então, para divertir, contribuindo para que o público-alvo se evada de seus problemas e de sua rotina e canalize suas emoções à mensagem do anúncio.

O humor comercial

No humor comercial, a piada incide sobre aspectos relativos ao produto, à marca ou à situação de consumo. Nesse caso, o humor está a serviço de uma argumentação alicerçada nas características do próprio produto, em sua utilidade, nas alegadas vantagens competitivas e nos eventuais benefícios que ele traz. A anedota integra uma pedagogia publicitária porque contribui para a compreensão, a desdramatização e a banalização do próprio produto.

O humor adquire uma especificidade distinta quando integrado no âmbito das rotas periféricas de persuasão, referentes a produtos ou a serviços avaliados pelo consumidor como capazes de apresentar níveis básicos de funcionalidade ou de motivação de mercadorias banais.

A anedota visa suscitar, então, um riso centrado nas dimensões consideradas laterais – portanto, periféricas – em relação ao produto ou à situação de consumo que lhe é subjacente.

As rotas periféricas estão relacionadas a três possibilidades que sustentam a produção humorística: 1) as relativas a um quadro de recompensas ou de castigos por referência a algo pelo qual alguém – certos consumidores ou a própria concorrência – é satirizado; 2) as que remetem a distorções ou incongruências relativas às estruturas interpretativas dos consumidores, no âmbito das quais a gargalhada decorre de uma interpretação intencionalmente incompatível com julgamentos e preconceitos; e 3) as que estão relacionadas a interpretações que os destinatários produzem com base na qualidade da *performance* dos atores publicitários.

O humor emotivo

O humor emotivo incide no engendramento de anedotas associadas à apresentação ou à contextualização do produto. O riso apresenta um valor perfomativo relativo ao modo, mais ou menos engraçado, como o produto é "encenado". Se, no âmbito do humor comercial, o discurso cômico encontra-se subjacente a um processo argumentativo típico do que na retórica se designa por *logos*, a piada, na classe de humor emotivo, gravita em torno da "arte" cômica do ator publicitário ou do modo como ele consegue produzir uma imagem engraçada de si próprio, que facilite a promoção do produto ou contribua para a construção de sua imagem de marca. Esse humor encontra, assim, seu fundamento numa espécie de *ethos* (cômico). O ator – ou o produto ou a marca que ele representa – só é digno de fé (convencimento) quando tem condição de ser engraçado. À medida que é simpático e engraçado, predispõe o público àquilo que apresenta.

O humor intertextual

O humor intertextual é cada vez mais frequente na comunicação publicitária. Corresponde a uma espécie de *humor reativo* ou *pró-ativo*, conforme sua graça remete a um quadro discursivo (comercial) anteriormente enunciado ou a um que está por ocorrer. Essa é a classe característica da paródia ou da polêmica, pois se trata de um *escárnio* ou *maldizer* que visa produzir um riso corretivo, dotado de um absoluto fundamento moral.

Nesse caso, a piada publicitária incide na ridicularização de situações de produção discursiva ou de comportamento microeconômico relativos ao consumidor ou à concorrência que ainda não se verificaram, embora o anunciante tenha motivos para acreditar que ocorrerão. Vale ressaltar, entretanto, que o tipo de emoção subjacente a essa classe sempre estará relacionada ao "medo do ridículo": o pavor latente derivado do fato de que quem ri também pode ser o alvo do riso de alguém.

Humores na publicidade radiofônica

A classe mais comum de humor no rádio é o humor fático, por conta de a mensagem radiofônica publicitária ser moldada pelo tempo de sua veiculação. A comicidade das mensagens contadas em menos de 30 segundos reside, basicamente, na dramatização da história, com apoio da *performance* da voz e da produção da sonoplastia.

É possível observar que as histórias se referem menos aos produtos ou às marcas e mais às situações cotidianas do público-alvo, gerando identificação com elas e, por consequência, o riso. A presença do anunciante ocorre nos momentos finais do anúncio, quando a sonoplastia se transforma em elemento de continuidade para sinalizar o início da mensagem "séria", mostrando quem (anunciante) está contando aquela história.

Dessa forma, a semelhança com piadas que traduzem o esdrúxulo ou os temas tabus é uma das mais marcantes características dos *spots*. Ironizando os fatos cotidianos, os comerciais incitam a imaginação e se transformam em momentos de catarse para os ouvintes.

Dicas para selecionar um locutor para a assinatura do *spot*

- **Abordagem com apelo explícito de venda**: voz autoritária e forte.
- **Abordagem sincera**: locução descontraída.
- **Abordagem excêntrica**: acompanha *spots* mais humorísticos.

Dicas de redação

- Colocar-se no lugar do ouvinte.
- Escrever do jeito que se fala.
- Escrever com simplicidade.
- Lembrar que toda oração tem verbo.
- Evitar o gerundismo.

- Usar sempre a ordem direta: sujeito, verbo e complemento.
- Redigir frases curtas.
- Ler e analisar se o texto foi compreendido.

Perguntas & respostas

Na produção de um *spot*, o locutor deve se preocupar somente com a voz?

A voz é uma das formas de se transmitirem os valores do anunciante. Portanto, é preciso analisar o tom e o ritmo da fala e observar também o perfil do público-alvo, como idade e condições socioeconômicas. Entretanto, não se pode ignorar a força da música, do silêncio e da sonoplastia para se comunicar bem.

O que é mais importante na redação de um *spot*?

Escrever como se fala e dirigir-se a um ouvinte em particular.

Síntese

Conforme discutimos, o *spot* publicitário é o formato de anúncio radiofônico mais conhecido e utilizado pelas emissoras. Essa peça é uma produção pré-gravada, que segue um roteiro elaborado de acordo com as características desse tipo de texto e das intenções do anunciante.

Sobre a criação do roteiro, destacamos que é necessário prever quem vai gravá-lo (o perfil dos atores ou dos locutores), em qual cenário acontecerá a história a ser narrada e quais serão os efeitos sonoros utilizados em BG ou em destaque. Esses efeitos podem ser ruídos que simulem os sons do cotidiano, cujo objetivo é fazer com que a audiência identifique facilmente o cenário e crie uma paisagem sonora; mixagens, para chamar a atenção; ou trilhas musicais.

Vimos também que o principal desafio da equipe que produz um *spot* é fazer com que a mensagem seja atraente e inteligível para o público já na primeira audição. Para isso, existem técnicas e recursos sonoros que devem ser utilizados de forma harmônica, como as repetições, que auxiliam na memorização da mensagem principal. Nesse sentido, palavras-chave que resumam o conceito principal são as mais indicadas.

> O principal desafio da equipe que produz um *spot* é fazer com que a mensagem seja atraente e inteligível para o público já na primeira audição.

Por fim, salientamos que produzir um *spot* é uma experiência rica, ainda mais se for possível explorar opções de vozes e de contação de histórias. Um mesmo texto, portanto, pode receber significados distintos de acordo com a voz, os efeitos e as trilhas que estiverem na edição final da peça.

Questões para revisão

1) Qual é o principal desafio para quem produz um *spot*?
2) O humor é uma estratégia bastante utilizada na publicidade. Quais são os tipos de humor e qual deles é o mais usado no rádio?
3) Com relação às características do *spot* eficiente, marque V para as afirmativas verdadeiras e F para as falsas.
   ( ) É uma produção, normalmente, de 30 segundos.
   ( ) É um comercial feito ao vivo.

( ) Tem possibilidade de utilizar os seguintes códigos de linguagem: fala, silêncio, sonoplastia e música.
( ) Deve deixar claro qual é o anunciante.

Agora, assinale a alternativa que apresenta a sequência obtida:

a) V, F, F, V.
b) V, F, V, F.
c) F, V, F, F.
d) V, F, V, V.
e) F, V, V, V.

4) Um dos principais recursos na criação de um *spot* é a voz. Sobre ela, marque V para as afirmativas verdadeiras e F para as falsas.
( ) A voz dá vida a uma gravação, sendo complementada e fortalecida pelos outros recursos sonoros.
( ) A voz, por causa do timbre, pode gerar identificação com o público.
( ) A voz e a locução também promovem a significação da mensagem.
( ) A voz tem a desvantagem de não alcançar a emoção dos ouvintes.

Agora, assinale a alternativa que apresenta a sequência obtida:

a) F, F, V, V.
b) V, V, V, F.
c) V, V, F, F.
d) F, V, F, V.
e) F, F, V, V.

5) A criação publicitária concentra-se, muitas vezes, em gerar certa insatisfação com a vida. Com base nessa afirmação, marque V para as afirmativas verdadeiras e F para as falsas.

( ) Na mensagem publicitária, há apelos psicológicos implícitos ou explícitos.
( ) Na criação sonora, não se deve usar a repetição.
( ) Na tradução de emoções para o áudio, os recursos devem ser usados estrategicamente, como o silêncio para criar suspense, a música para emocionar ou a expressão verbal para descrever ações.
( ) Na criação de peças sonoras, um dos maiores desafios é ser inteligível instantaneamente.

Agora, assinale a alternativa que apresenta a sequência obtida:

a) V, F, F, V.
b) F, F, V, F.
c) F, V, F, F.
d) V, F, V, F.
e) V, F, V, V.

Questões para reflexão

1) Ouça os *spots* que são veiculados em sua rádio de preferência e reflita sobre o modo como são produzidos. Eles chamam a atenção? As informações importantes são repetidas? Se você fosse alterá-los, como o faria?

2) Por que é necessário repetir informações de interesse nos *spots*, por exemplo, o que está sendo anunciado e o local onde o produto ou serviço é vendido?

3) Pondere sobre como poderia ser inserido o entretenimento – privilegiado pelo rádio – na criação de um *spot*.

4
A força dos *jingles*[1]

---
[1] Este capítulo é uma versão ampliada do artigo *"Uma proposta de tipologia para os jingles"*, publicado pela autora na revista *Rádio-Leituras*. Para visualizá-lo, consulte Panke (2015).

Conteúdos do capítulo

- O que são *jingles*.
- Características dos *jingles*.
- Tipos de *jingles*.

Após o estudo deste capítulo, você será capaz de:

1. produzir *jingles*;
2. identificar a necessidade do *jingle* numa campanha;
3. distinguir os tipos de *jingles* mais adotados na comunicação publicitária.

Os *jingles*, basicamente, são **anúncios musicados**. Assim como a música, eles atuam no sentido de seduzir pela emoção e pelo contágio, estimulando no público desejos ou comportamentos.

Neste capítulo, vamos abordar a comunicação publicitária sonora musicada e analisar as três tipologias de *jingles*, a fim de compreender as ênfases que elas transmitem em uma campanha de comunicação. Essas tipologias são resultantes de estudos que temos realizado ao longo dos anos.

As tipologias são: *jingle* varejo, *jingle* político e *jingle* institucional, sendo que cada uma apresenta subdivisões, as quais serão explicadas mais adiante.

Como mencionado anteriormente, um dos meios mais eficientes para sensibilizar as pessoas é a música. As canções, consideradas uma forma de expressão artística, emocionam, encantam e entretêm. Nesse sentido, "A principal função da música está relacionada com a necessidade humana de expressar seu mundo interno, subjetivo, onde as emoções têm nuances e movimentos que estão à margem de uma descrição discursiva" (Millecco Filho; Brandão; Millecco, 2001, p. 79). Assim, na publicidade, pode-se utilizar a música com letras criadas especificamente para o anunciante, trilhas sonoras para servir como fundo da peça e até mesmo melodias que embalem as vinhetas dos patrocinadores.

> A música pode ser considerada a linguagem das emoções devido aos aspectos sensoriais que provoca. O ritmo dos acordes musicais estimula no ouvinte emoções das mais variadas, desde comoção, suspense ou alegria. É um dos elementos mais utilizados para sensibilizar o ouvinte. (Panke, 2008, p. 94-95)

Com amplitude universal, a música tornou-se um dos elementos do vasto processo de comunicação verbal e não verbal utilizado pela propaganda. O ritmo da música imprime o humor a que está relacionada. Desse modo, a velocidade e o tom da voz contam como indicadores de alegria, drama, suspense, tranquilidade etc.

> Os múltiplos recursos de uma boa canção – ritmo, melodia, contorno – fazem com que a música fique na nossa cabeça. Por isto muitos antigos mitos, épicos e até o Velho Testamento foram musicados para preparar os momentos em que seriam transmitidos pela tradição oral através das gerações. (Levitin, 2010, p. 301)

Entre as estratégias criativas da publicidade está o *storytelling*, ou seja, a narração de histórias. As narrativas, aliadas à métrica, à repetição e ao ritmo da música, favorecem a memorização. Quando a letra enriquece a melodia, a mensagem é reforçada, *slogans* são repetidos e, inclusive, um clipe audiovisual pode ser contado a partir da letra da música.

Vale destacar que é a composição sonora, e não apenas a letra, que gera sensações e determinados estados de espírito. A musicalidade, necessariamente,

> não contribui para compreensão sobre o produto, mas para a produção de efeitos pragmáticos decorrentes da própria enunciação publicitária; serve para que os destinatários criem laços de empatia com os produtos a partir da forma como se relacionam com os anúncios. (Camilo; Panke, 2008, p. 4)

Como apresentado anteriormente, as mensagens publicitárias musicadas são classificadas em *jingles, spots,* vinhetas e trilhas musicais. A incorporação dessas peças ocorre em diversas plataformas de uma campanha: rádio, produtos audiovisuais (filmes publicitários ou virais, videoclipes, cinema) e ações externas (*shows*, partidas esportivas, ações de guerrilha), pois a comunicação sonora não se restringe à veiculação radiofônica, como visto no Capítulo 2.

> Toda potencialidade de representação de uma ideia e/ou de um objeto residia no caráter expressivo do som: o ritmo, a intensidade, o timbre e o intervalo/as pausas, que se materializavam em uma fala marcadamente musical. Naturalmente estes valores básicos do som têm o poder de afetar o ouvinte de muitas maneiras, suscitando-lhe diferentes respostas emocionais. (Silva, 1999, p. 71)

A publicidade, por si só, já explora sensações e emoções; portanto, a música é um forte aliado nesse processo. Para averiguar isso, é possível realizar um teste interessante: ouvir determinado *spot* com trilha e sem ela. As emoções despertadas nos dois casos são definitivamente diferentes. Da mesma forma, um anúncio cantado e outro apenas narrado têm efeitos distintos. Possivelmente, o primeiro tem a memorização da mensagem favorecida pelas rimas e pelas frases curtas, e o segundo deixa mais claro onde adquirir o produto anunciado. A escolha do uso da música depende do planejamento estratégico da campanha.

4.1
Características dos *jingles*

A tradução da palavra *jingle*, de língua inglesa, é "tinir", "soar". Segundo Pedro Nunes (citado por Costa; Silva; Bianco, 2003, p. 4), "o *jingle* é uma gravação publicitária essencialmente musical, com mensagem cantada". A primeira etapa de sua produção parte do *briefing*, que é composto de informações sobre o produto ou serviço que o cliente deseja anunciar.

> O hábito humano de reproduzir determinadas frases melódicas, cantando ou assobiando, garante ao produtor do *jingle* a multiplicação da informação veiculada, desde que sejam respeitadas as regras de criação das peças musicais populares, ou seja, utilização de argumentos diretos e refrãos aliados a temas musicais de fácil apreensão sem a utilização de acordes dissonantes, diminutas etc. (Barbosa Filho, 2003, p. 125)

Faz parte da história da oralidade transformar informações em melodias para provocar memorização, fixar conteúdos e gerar comportamentos. Na educação infantil, por exemplo, há inúmeros casos de canções usadas como instrumento lúdico de apresentação de regras. A publicidade, como integrante da sociedade "cantante", não deixaria de fora a possibilidade de cantar para influenciar. Rafael Sampaio (2003), ao se referir aos *jingles*, comenta que a capacidade de fixação das melodias é um dos diferenciais a serem explorados pelos compositores:

> A grande vantagem do jingle é que, por ser música, acaba tendo um expressivo poder de recall, pois é aquilo que a sabedoria popular chama de "chiclete de orelha". As pessoas ouvem e não esquecem. Assobiam ou cantam, mas guardam o tema consigo. O jingle é algo que fica, como provam as peças veiculadas durante um período e tiradas do ar, mas que muitos e muitos anos depois ainda são lembradas pelos consumidores. Devido ao poder de memorização que a música tem, o jingle é uma alternativa de comunicação muito poderosa. (Sampaio, 2013, p. 79)

Um dos objetivos dos *jingles*, portanto, é facilitar que o usuário se recorde da mensagem principal após sua veiculação. De acordo com Sílvia Thais de Poli (2008, p. 114), "Ao atingir o sistema nervoso, a música faz com que o cérebro gere antecipações e compreenda as movimentações no ritmo e na harmonia. Por meio dessas antecipações, a música busca intencionalmente influenciar nas escolhas do indivíduo".
A repetição da mensagem principal nos *jingles* fortalece essa característica musical.

> Um dos objetivos dos *jingles*, portanto, é facilitar que o usuário se recorde da mensagem principal após sua veiculação.

Conforme mencionado anteriormente, na primeira etapa do processo de criação de um *jingle*, está o *briefing*. É importante estar atento ao que Sampaio (2013, p. 79) alerta com relação aos *jingles*: "Sua única limitação é que, por ser música e ter que seguir uma métrica [...], às vezes não se consegue colocar num jingle todas as informações desejadas". Quando o anunciante informa ao atendimento da agência de publicidade as necessidades, os prazos, o orçamento etc., todos os dados são redigidos para que as equipes de planejamento e de criação possam trabalhar. Com isso, se for avaliada a necessidade de criação de um *jingle*, a letra poderá ser desenvolvida pelo redator da própria agência ou seguir para a equipe de rádio e televisão (RTV), que terceirizará um compositor e uma produtora de áudio. Também é possível que o redator e o compositor realizem um trabalho conjunto para que a letra contemple o conceito e os objetivos da campanha.

João Anzanello Carrascoza (1999) enfatiza que os esquemas básicos da propaganda recorrem a estratégias como uso de estereótipos, substituição de nomes, criação de inimigos, apelo à autoridade, afirmação e repetição. Esses recursos também podem ser adotados na composição dos anúncios musicados. "A letra de um *jingle* é na maioria das vezes escrita usando rimas de fácil memorização, contém os principais atributos e o nome da marca e o seu ritmo advém de uma estrutura simples que pode ser facilmente repetida após algumas audições" (Cardoso; Gomes; Freitas, 2010, p. 29).

O compositor deve conectar fantasia e realidade e aliá-las à capacidade de sedução, fazendo uma música geralmente compacta, com acordes repetidos e que tenha poesia e beleza. "Também vale ressaltar que a repetição é um dos procedimentos mais usados na comunicação publicitária, tanto no plano estratégico (as formações discursivas escolhidas) quanto no planto tático (as formas fixas, os clichês, os *slogans* etc.)" (Carrascoza, 2014, p. 118). Depois de estudar o *briefing*, o compositor de *jingles* cria letra e música.

É de suma importância enfatizar um ritmo que valorize a estratégia adotada na campanha, pois ele gera identificação com o público-alvo. A escolha de um ritmo equivocado pode ter como consequência o contrário: gerar rejeição ao anúncio. "E são inúmeras as associações entre diferentes tipos de música e os sentimentos que elas provocam. Músicas lentas e ritmos suaves são associados à tristeza; músicas tocadas em piano sugerem tranquilidade; uma música com o *pitch*[1] alto é mais excitante" (Cardoso; Gomes; Freitas, 2010, p. 19).

Com relação a isso, Bruner (citado por Crozier, 1999, p. 75, tradução nossa) afirma que

---

1 Pitch refere-se à modulação e à velocidade da voz e do som. É possível alterá-lo na edição do áudio gravado.

A excitação é produzida por músicas que possuem modulação alta e rápida, com uma entonação média, ritmo desigual, harmonia dissonante e volume alto. A sensação de tranquilidade é produzida por músicas que possuem modulação alta, ritmo fluente, entonação média, harmonia consoante e volume "calmo". Felicidade é induzida a partir de modulação alta, com entonação alta, com um ritmo fluente, harmonia consoante e volume médio. Música séria é composta de modulação alta, com entonação baixa e monódica, ritmo lento, harmonia consoante e volume médio. A tristeza é produzida em modulação baixa, baixo tempo, entonação monódica, com ritmo fixo e harmonia dissonante.

A escolha do ritmo é essencial, uma vez que ele dará o tom emocional que se pretende transmitir. Os ritmos variam de acordo com a necessidade de cada cliente e a estratégia central das campanhas. Uma das escolhas realizadas com certa frequência é adotar ritmos contagiantes e semelhantes à moda de cada época. Os *jingles* também podem ser baseados em paródias de sucessos comerciais, como é o caso da cerveja Bavária, que utilizou, em um de seus comerciais, a música *Cerveja* (Augusto; Rossini, 1997), gravada originalmente por *Leandro & Leonardo* – no comercial, a música é cantada pelas duplas Chitãozinho & Chororó e Leandro & Leonardo.

> Hoje é sexta-feira,
> Traga mais cerveja,
> Tô de saco cheio
> Tô pra lá do meio da minha cabeça.
> Chega de aluguel, chega de patrão,
> Eu quero diversão.
> Bavária, Bavária, Bavária, Bavária, Bavária,
> Bavária!
> (Bavária, 1997)

Posteriormente, essa música foi base para a criação do *jingle* do candidato do Partido da Social Democracia Brasileira (PSDB) José Serra, na campanha presidencial de 2002. Nesse caso, ficou evidente o uso da paródia como estratégia para gerar aproximação entre o candidato e o eleitorado popular.

Ambas as marcas – Bavária e Serra Presidente – desejavam imprimir alegria e promover identificação com seus respectivos públicos. O uso de uma canção já conhecida possibilita a conquista desse objetivo, pois facilita, inclusive, a memorização da mensagem. A base musical, portanto, imprime as sensações que se pretende oferecer com o *jingle*, visto que "Um outro estudo empírico concluiu que, numa única exposição a um anúncio, a recordação do nome da marca era muito maior quando era usado um *jingle* do que em anúncios em que o *jingle* não era utilizado" (Cardoso; Gomes; Freitas, 2010, p. 30).

Para Schafer (1991, p. 45),

> O compositor usa valores básicos […] para criar uma composição com um caráter específico. […] esses valores têm o poder de afetar o ouvinte de muitas maneiras diferentes. […] O papel do compositor é usar esses materiais para produzir algo com significado e movimento. Às vezes, um compositor escolhe se restringir a alguns desses valores somente.

Os exemplos anteriores (da cerveja e do candidato) ilustram como uma música popular pode ser adaptada a mais de um caso e gerar identificação em situações distintas. Entretanto, é possível inferir que os públicos eram semelhantes, com necessidade de popularização e de aproximação a ambas as marcas.

Entre outras opções de criação, há o uso de trilhas musicadas com a assinatura do produto ou do serviço cantada ao final do anúncio. Dessa forma, o canto assume a função de fechamento do texto, opção muito utilizada como base para comunicações de varejo. Para o estilo de composição, podemos propor as seguintes classificações:

- **Trilha com assinatura**: Consiste em retirar a letra do *jingle*, deixando o instrumental com a assinatura cantada, para que o locutor insira um texto.
- **Trilha musical**: *Jingle* sem canto, pronto para ser usado como fundo, ou seja, o locutor tem o tempo integral para a inserção de texto. Também é adotado na comunicação audiovisual como fundo para vídeos institucionais e para reforçar a unidade de campanha.
- ***Jingle* com janela**: Melodia com abertura e assinatura cantadas. Há um espaço para o locutor colocar um texto de ofertas.
- **Capela**: Apenas a voz do cantor entoando a letra. Muitas vezes, é utilizada somente a assinatura, com o nome do produto ou serviço, como foi realizado na primeira estrofe do anúncio das Duchas Corona (1972):

> Apanho um sabonete,
> Pego uma canção
> E vou cantando sorridente.
> Duchas Corona,
> Um banho de alegria
> Num mundo de água quente.
> Apanho um sabonete,
> Abro a torneira,
> De repente a gente sente:
> Duchas Corona,

Um banho de alegria
Num mundo de água quente.
Apanho um sabonete,
É Duchas Corona
Dando um banho em tanta gente.
Duchas Corona,
Um banho de alegria
Num mundo de água quente.

Na produção e na gravação desse *jingle*, ocorre a transformação da letra declamada à capela para a música cantada, o que pode demandar mais de um procedimento. De um lado, há estúdios que dispõem de diversos músicos e, de outro, estúdios que têm tecnologia na qual uma mesma pessoa cria, produz e finaliza o material. De todo modo, a gravação e a finalização são feitas em produtoras terceirizadas.

No Brasil, os *jingles* têm duração de 15 a 60 segundos, sendo o de 30 segundos o mais utilizado. É sempre recomendado que a agência encomende uma versão cantada e outra em trilha para que possam ser utilizadas separadamente, se possível, com tempos variados – justamente para ampliar a possibilidade de uso. A trilha pode ser usada como fundo em *spots* ou em outros produtos audiovisuais, gerando unidade de campanha.

> No Brasil, os *jingles* têm duração de 15 a 60 segundos, sendo o de 30 segundos o mais utilizado.

4.2
Tipologia dos *jingles*

A veiculação de anúncios cantados foi motivada pela cultura musical e pela origem dos primeiros redatores de rádio, dos quais vários eram também compositores e poetas. "Os jingles passam a fazer parte da paisagem sonora das cidades e marcam o início da luta dos produtos internacionais pela conquista de um emergente mercado urbano brasileiro dirigido para o consumismo" (Silva, 1999, p. 20). De acordo com Renato Castelo Branco, Rodolfo Lima Martensen e Fernando Reis (1990), o primeiro *jingle* surgiu no Brasil em 1932, no Programa Casé, criado por Ademar Casé, que tinha quadros de humor, musicais e um sistema de comercialização inédito. Ele inaugurou a venda de espaços de tempo no rádio ao comércio. Casé agenciava os anúncios e incumbia sua equipe de desenvolver as mensagens.

O primeiro *jingle* foi o da padaria Bragança (1932), que traz a repetição da palavra *pão*, produto central desse anunciante, a fim de reforçar a memorização do público. Fora isso, sua letra apresenta uma situação cotidiana da família brasileira da época.

> Oh, padeiro desta rua,
> Tenha sempre na lembrança:
> Não me traga outro pão
> Que não seja o pão Bragança.
> Pão, inimigo da fome;
> Fome, inimiga do pão;
> Enquanto os dois não se matam,
> A gente fica na mão.
> Oh, padeiro desta rua,
> Tenha firme na lembrança:

> Não me traga outro pão
> Que não seja o pão Bragança.
> De noite, quando me deito
> E faço minha oração,
> Peço, com todo respeito,
> Que nunca me falte o pão.

Padaria Bragança (Antônio Nassara) – ADDAF

Nos anos 1960, houve uma mudança significativa na produção de *jingles*: o rádio perdeu verba publicitária para a TV e, com isso, a qualidade dos anúncios caiu significativamente. Até os profissionais aprenderem a fazer peças de audiovisual e entenderem que o *jingle* poderia ser um aliado, houve um declínio nessa forma de propaganda. Exceções a esse caso foram os *jingles* produzidos para campanhas políticas. Um exemplo é a peça criada para a campanha de Jânio Quadros à presidência do Brasil, em 1960, que acabou se tornando referência na área:

> Varre, varre, varre, varre, varre, varre, vassourinha,
> Varre, varre a bandalheira.
> Que o povo já está cansado de sofrer dessa maneira.
> Jânio Quadros é a esperança desse povo abandonado.
> Jânio Quadros é a certeza de um Brasil moralizado.
> Alerta, meu irmão!
> Vassoura, conterrâneo!
> Vamos descer com Jânio.
>
> (Maugeri Neto; Almeida, 1960)

O publicitário Duda Mendonça (2001) observa que muitas músicas de sucesso já foram utilizadas como *jingles*. Porém, pouco se sabe de *jingles* que se tornaram músicas de sucesso. Um exemplo é a canção *Cheiro de amor,* (1979), que foi gravada para o Motel Le Royale e, depois, interpretada pela cantora Maria Bethânia, tornando-se um grande sucesso da música popular brasileira (MPB).

> De repente, fico rindo à toa sem saber por quê;
> E vem a vontade de sonhar, de novo te encontrar.
> Foi tudo tão de repente, eu não consigo esquecer,
> E confesso: tive medo, quase disse não!
> Mas o seu jeito de me olhar, a fala mansa, meio rouca,
> Foi me deixando quase louca, *já não podia mais pensar*.
> Eu me dei toda para você.
> De repente, fico rindo à toa sem saber por que;
> E vem a vontade de sonhar, de novo te encontrar.
> Foi tudo tão de repente, eu não consigo esquecer,
> E confesso: tive medo, quase disse não!
> Mas o seu jeito de me olhar, a fala mansa, meio rouca,
> Foi me deixando quase louca, *já não podia mais pensar*.
> E, meio louca de prazer, lembro teu corpo no espelho
> E vem o cheiro de amor, eu te sinto tão presente...
> Volte logo, meu amor.

Música: Cheiro de amor
Autores: Ribeiro/Duda Mendonça/Paulo Sérgio Valle/Jota Moraes
Editora: Warner Chappell Edições Musicais Ltda.
Todos os direitos reservados.

Como destaca Carlos Augusto Manhanelli (2011, p. 16),

> Em diversas ocasiões os *jingles* se tornaram maiores que o próprio produto, virando marchinhas de carnaval, por exemplo, ou mesmo músicas populares. Descendentes diretos dos mascates e seus pregões cantados, eles fazem bonito na publicidade, com suas melodias se transformando em trilha sonora da vida de milhares de pessoas.

Com base nas concepções teóricas sobre comunicação publicitária sonora e musicada, sobretudo na teoria de Max Weber (1964), apresentamos a seguir uma proposta de tipologias de *jingles* que busca atender ao preceito de Weber – que recomenda como ideais as tipologias que conseguem agregar macrocaracterísticas de fenômenos recorrentes –, com suas respectivas subcategorias:

- **_jingle_ de varejo**: cheio, _slogan_ e promocional;
- **_jingle_ político**: eleitoral;
- **_jingle_ institucional**: ocasião.

Para a primeira subcategorias, o foco é vender; para a segunda, gerar aceitação e simpatia; e, para a terceira, promover empatia.

4.2.1
Jingle de varejo

Como mencionado anteriormente, o _jingle_ de varejo objetiva diretamente a venda dos produtos dos anunciantes e, por isso, é utilizado para o lançamento de promoções e por lojas de departamento. Entre os primeiros lançados, na década de 1960, o _jingle_ das Casas Pernambucanas é até hoje lembrado por muitos brasileiros.

Jingle cheio

Nessa subcategoria, a repetição de uma das características do produto ou de um tema especial é o principal elemento. Há uma descrição verbal das utilidades do produto ou da marca. Exemplo desse caso é o _jingle_ do sorvete Cornetto, da marca Gelato (1984), escrito em italiano, mas perfeitamente compreensível pelos brasileiros:

> Dammi un Cornetto,
> Molto croccante,
> È piu cremoso,
> È da Gelato.
> Cornetto, sei proprio Italia,
> Io voglio tanto.
> Cornetto mio!

A versão em português é:

> Dá-me um Cornetto,
> Muito crocante,
> É muito cremoso,
> É da Gelato.
> Cornetto, é da Itália,
> Eu quero tanto.
> Cornetto meu!
>
> (Gelato, 1984, tradução nossa)

No entanto, a letra em italiano faz com que a canção ganhe força e o produto se apresente de forma mais original e sofisticada.

Outro *jingle* dessa subcategoria é aquele que enfatiza todos os serviços prestados por uma marca ou empresa. Nesse caso, a letra pode não se repetir com a mesma frequência, como na maioria das peças musicadas, pois o destaque se dá em outros aspectos da composição, como o ritmo e o tom empregados e, sobretudo, a letra.

Dessa forma, esse *jingle* pode apresentar métrica e ritmo, reforçando o nome e a atividade da marca ou da empresa.

Jingle slogan

Essa subcategoria utiliza base musical e canta o *slogan* ou a assinatura do produto ou serviço anunciado. O *jingle slogan* é bastante usado em campanhas de reformulação de marca ou de introdução de novidades no mercado. A repetição das palavras-chave do *slogan* serve para fixar a marca e, preferencialmente, gerar simpatia e fidelidade. É o caso das frases utilizadas por companhias como a Coca-Cola e a C&A.

Outro exemplo é um famoso *jingle* do antigo Banco Bamerindus, criado na década de 1990, que teve várias versões – algumas podem ser acessadas por meio do *link* que consta no rodapé desta página[2] –, demonstrando as possibilidades de uso de diferentes ritmos com a mesma letra.

No exemplo a seguir, a métrica e a repetição são a tônica do anúncio: o nome do chocolate é repetido constantemente do início ao fim da canção, de 30 segundos:

> Se você come um Sem Parar nunca mais você para de comer.
> Sem Parar só pode ser biscoitinhos cobertos com chocolate Nestlé.
> Sem Parar é só começar *pra* nunca mais parar;
> E se você come, come, come, come, come,
> come, come, come, come, come mais um,
> Sem Parar nunca mais nunca mais você para de comer.
> Sem Parar só pode ser biscoitinhos cobertos com chocolate Nestlé.
> (Nestlé, [S.d.])

Também vale ressaltar o aspecto sensorial desse *jingle*, pois ele destaca os atributos do chocolate, gerando sinestesia com o paladar e a imaginação do ouvinte. É a típica estratégia de geração de imagens mentais por meio de sons ritmados.

---

[2] Disponível em: <https://www.youtube.com/watch?v=W3gD3efcojg>. Acesso em: 30 jul. 2018.

Jingle promocional

A promoção é uma estratégia de vendas usada para angariar clientes, atraídos por alguma vantagem em adquirir determinado produto. Um exemplo dessa tática é a campanha da Parmalat (1997), que encantou as crianças com seus filmes comerciais de bichinhos (mamíferos).

> O elefante é fã de Parmalat.
> O porco cor-de-rosa e o macaco também são.
> O panda e a vaquinha só querem Parmalat,
> Assim como a foquinha, o ursinho e o leão.
> O gato mia, o cachorro late,
> O rinoceronte só quer leite Parmalat.
> Mantenha o seu filhote forte, vamos lá,
> Trate seus bichinhos com amor e Parmalat.

Esse *jingle* e a campanha na qual ele foi veiculado compuseram uma ação integrada de *marketing,* que envolvia os comerciais para a televisão e a troca de pelúcias em supermercados, e provocou uma verdadeira mania naquela geração. As crianças colecionavam pelúcias dos animais, e os *jingles* ultrapassaram os limites da televisão, sendo cantados até mesmo em festas infantis no final dos anos 1990.

4.2.2
Jingles políticos

Comunicação política e comunicação eleitoral são os conceitos que balizam os *jingles* políticos. A comunicação política diz respeito a processos de articulação e de transformação de realidades sociais, envolvendo inúmeros atores políticos. Na comunicação eleitoral, por sua vez, residem os processos que organizam e divulgam as eleições.

quando falamos em *marketing* político estamos tratando de uma estratégia permanente de aproximação do partido e do candidato com o cidadão em geral. [...] Já o marketing eleitoral trata de uma estratégia voltada para o eleitor, com o objetivo de fazer o partido ou candidato vencer uma determinada eleição. (Gomes, 2000, p. 27)

> A comunicação política diz respeito a processos de articulação e de transformação de realidades sociais.

Além disso, é importante ressaltar que o tempo de ação dos dois tipos de comunicação é diferente – na comunicação eleitoral, há necessidade de ações mais enfáticas, em virtude do curto período de propaganda de que se dispõe.

Uma das bases da ação política é a emoção. Entre as formas de expressão da emoção, situam-se vários códigos, que dependem do estado de ânimo que se deseja despertar. Por exemplo, se o objetivo de um anunciante é sensibilizar, podem ser utilizadas imagens editadas em *slow motion* (câmera lenta), *close* em olhares, cenários em tons pastel, trilhas sonoras lentas e narração pausada. Para gerar alegria e otimismo, podem ser usadas estratégias como cenas coloridas, pessoas sorrindo, músicas animadas com rimas repetitivas, locução jovem ou campos verdes e produtivos, por exemplo. Por isso, reforçando o que foi visto anteriormente, as músicas compõem estratégias de persuasão também no campo político.

A política é normalmente associada a eleições, portanto votar é a ação mais visível desse processo. Entretanto, o *jingle* político também se refere a canções de partidos, de movimentos populares e sociais, de organizações não governamentais (ONGs) etc. Entre as músicas de cunho político que se tornaram famosas está a composição de Geraldo Vandré (1968) *Para não dizer que não falei das flores*, que retratou todo um momento político no Brasil durante o regime militar (1964-1985).

Assim, os *jingles* políticos não estão associados especificamente a uma candidatura, mas a momentos em que o espaço público está pautado por determinadas discussões. De praxe, como integram ações de comunicação, essas composições são assinadas por lideranças, sejam associações de moradores, sejam partidos políticos. Em 1993, por exemplo, por ocasião do plebiscito sobre a forma de governo que o país deveria adotar, o *jingle Vote no rei* (1993) agiu a favor da parcela da população que era favorável à volta da monarquia no Brasil[3].

Jingle eleitoral

Nesse tipo de peça, voltado para campanhas eleitorais, o objetivo é apresentar o posicionamento do candidato, sendo uma boa maneira de levar seu nome ao conhecimento de moradores dos lugares mais distantes. Além disso, é fundamental repetir o número da candidatura, com vistas a orientar o eleitor na hora em que ele estiver diante da urna eletrônica.

> é possível afirmar que a construção de um jingle eleitoral persuasivo, capaz de levar emoção ao eleitor e, ainda, tornar-se uma tática estratégica de marketing no planejamento da campanha eleitoral, necessariamente, precisa partir de um discurso lógico-formal coerente, que integre em sua estrutura uma escolha lexical adequada e explore a expressividade por meio da utilização de recursos linguísticos possibilitados pela língua. (D'Elboux et al., 2012, p. 16)

---

[3] Disponível em: <https://www.youtube.com/watch?v=cZkP3ofX_JQ>. Acesso em: 26 jul. 2018.

Em vários municípios brasileiros, o *jingle* eleitoral é o único recurso de comunicação que chega aos eleitores, tendo em vista problemas como a estrutura deficitária das cidades, o analfabetismo da população e a pouca verba disponível para as campanhas. Não obstante esses casos, há, na história das eleições, vários exemplos de *jingles* políticos de sucesso. Para Fernando Moraes (2002),

> A primeira peça do gênero apareceu na campanha de 1914. O presidente da República era o marechal Hermes da Fonseca, conhecido popularmente como "seu Dudu" e cercado pela fama de ser um homem agourento. Às vésperas das eleições, o Rio foi tomado pela marchinha "Ai Filomena" (composta por Carvalho de Bulhões sobre a melodia italiana "Viva Garibaldi"), cujo estribilho passaria a ser repetido por todo o país: "Ai Filomena, se eu fosse como tu/Tirava a urucubaca da careca do Dudu". O jingle virou sucesso no Carnaval, mas revelou-se um fracasso nas urnas: o eleito acabou sendo o candidato oficial, Wenceslau Braz, com quase 90% dos votos. Ao contrário de promover políticos, como acontece hoje, o objetivo da maioria dos jingles daquela época era destruir reputações. O presidente Artur Bernardes, por exemplo, não hesitava em mandar para a cadeia quem ousasse ironizá-lo com quadrinhas musicais, como aconteceu com o escritor mineiro Djalma Andrade, autor de um jingle que fazia insinuações sobre a sexualidade do presidente.

Atualmente, observa-se o uso de músicas sarcásticas veiculadas *on-line*, por aplicativos ou *sites*, assim como *memes*, para fazer propaganda negativa das candidaturas. Essas peças costumam viralizar, ou seja, disseminar-se, gerando munição entre os candidatos concorrentes. Para D'Elboux et al. (2012), o *jingle*, dessa forma, assume um papel-chave em uma campanha eleitoral, já que é composto da música, um instrumento capaz de trazer um forte poder persuasivo ao discurso.

As eleições presidenciais de 2014 tiveram uma regravação do *jingle Lula lá* (Acioli, 1989), cantado desde 1989, para *Dilma lá*, em referência à candidata à reeleição pelo Partido dos Trabalhadores (PT). Desde sua primeira versão, essa composição ganhou grande destaque na campanha de Luiz Inácio Lula da Silva, quando era interpretada por artistas famosos como Gilberto Gil e Caetano Veloso. O *jingle* foi um dos pontos altos desde as primeiras eleições pós-redemocratização, sendo entoado até na hora de as pessoas darem seus votos nas urnas.

Para D'Elboux et al. (2012, p. 16), "A edificação do texto convincente começa pela busca de palavras que teçam um texto coerente ao posicionamento do candidato e às expectativas do eleitor". Além disso, nem sempre se atenta, nas canções eleitorais, para o fato de que o eleitor votará pelo número, e não pelo nome da pessoa. Desse modo, é fundamental que esse tópico seja reforçado na mensagem.

Os *jingles* eleitorais têm características demarcadas por "comparação, mudança, afirmação, destaques, ufanismo, conceito, convocação, empatia" (Manhanelli, 2011, p. 163). Essas características não necessariamente coexistem, mas são comuns de serem encontradas.

Para Sloboda (2008), o fato de a música ser aceita naturalmente facilita a entrada dos *jingles* no cotidiano do eleitorado, favorecendo a aceitação da mensagem. Por tratarem de um contexto político e econômico, as músicas eleitorais acabam refletindo o que acontece naquele momento e podem contribuir para o entendimento da sociedade. Entretanto, há canções eleitorais que se concentram apenas nas qualidades dos candidatos, não se atendo a especificidades. Outras, por sua vez, cantam temáticas centrais, como educação, saúde e qualidade de vida, que podem ser usadas igualmente de tempos em tempos.

> O jingle em muitas campanhas é usado como elemento de síntese tanto da imagem do candidato, de suas virtudes e pontos fortes assim como de suas propostas; isso justamente usando uma linguagem francamente emotiva, que reforce estes pontos, tentando fixar no eleitor uma ideia-chave, um conceito, sobre a candidatura. (Lourenço, 2009, p. 207)

É possível afirmar que, no *jingle* eleitoral, o conceito do candidato deve estar claro e devem ser repetidas palavras que possam gerar a confirmação de sua personalidade. O que se observa nas versões musicadas de campanhas políticas é a necessidade de que a síntese da imagem do proponente ao cargo público seja resumida em uma palavra-conceito, e seu número, repetido.

4.2.3
Jingles institucionais

Esse tipo de anúncio destaca-se por trazer na letra a identidade da marca referente a uma empresa ou a uma instituição. Por ser um forte instrumento de comunicação, geralmente é veiculado por mais tempo, fazendo com que o ouvinte/consumidor se fidelize. Um *jingle* institucional procura reforçar os valores do anunciante ou o mundo ideal que ele defende. Nesse caso, a venda não está explícita, e o que é oferecido são os valores da instituição, com o objetivo de fortalecer sua imagem pública.

Um exemplo é o do creme dental Kolynos: mesmo fora do mercado desde 1997, ainda é a marca mais lembrada no segmento (Buratto, [2000]), estando a Sorriso em segundo lugar.

A letra do *jingle* da Kolynos não revelava explicitamente o que o produto tinha de diferencial, pois não falava sobre a higiene, mas acerca da liberdade, da vida de cada um, imperativamente, de como cada pessoa deveria ser. A mesma canção continuou sendo utilizada pela Sorriso, marca que substituiu a Kolynos para modernizar e fixar o posicionamento da empresa.

Outro exemplo é a música usada pela Pepsi, que reforça a atitude do consumidor em relação ao produto, sem falar em venda direta. O ritmo alegre, casado com uma letra voltada para a liberdade e o amor, objetiva conquistar a juventude.

> Hoje existe tanta gente que quer nos modificar,
> Não quer ver nosso cabelo assanhado com jeito,
> Nem quer ver a nossa calça desbotada, o que é que há?
> Se o amigo está nessa ouça bem: não *tá* com nada!
> Só tem amor quem tem amor *pra* dar,
> Tem tudo que é do mundo.
> Sozinho até parar.
> Só tem amor quem tem amor *pra* dar.
> Só o sabor de Pepsi te mostra o que é amar.
> Só tem amor quem tem amor *pra* dar.
> Só o sabor de Pepsi te mostra o que é amar.
> Só tem amor quem tem amor *pra* dar.
> Nós escolhemos Pepsi e ninguém vai recusar.

Música: Só tem amor quem tem amor pra dar
Autores: Sá/Guarabyra
Editora: Warner Chappell Edições Musicais Ltda.
Todos os direitos reservados.

Um exemplo curioso de *jingle* institucional é o *Vem pra rua*, criado por Henrique Ruiz Nicolau para a campanha da Fiat para a Copa das Confederações Fifa 2013, no Brasil. A letra, criada para uma situação comercial, acabou sendo utilizada para chamar as pessoas a participar das passeatas que começaram naquele ano – primeiramente, contra o aumento da passagem de ônibus em São Paulo e, depois, avançando por outros locais com a pauta contra a corrupção e o desvio de verbas na preparação do país para sediar aquele campeonato e a Copa do Mundo de 2014. A *hashtag* #vemprarua deixou de ser uma indicação comercial para virar símbolo de um movimento político.

> Vem, *vamo pra* rua,
> Pode vir que a festa é sua.
> Que o Brasil vai *tá* gigante, grande, como nunca se viu.
> Vem, *vamo* com a gente,
> Vem torcer, bola *pra* frente;
> Sai de casa, vem *pra* rua, *pra* maior arquibancada do Brasil;
> Vem *pra* rua porque a rua é a maior arquibancada do Brasil.
> Se essa rua fosse minha, eu mandava ladrilhar,
> Tudo em verde e amarelo, só *pra* ver o Brasil inteiro passar.
> Vem *pra* rua porque a rua é a maior arquibancada do Brasil;
> Vem *pra* rua porque a rua é a maior arquibancada do Brasil.
> (Fiat, 2013)

Percebe-se que, nessa letra, não se fala da marca automobilística, mas da experiência que se almeja gerar para os consumidores no momento dos jogos. A repercussão provocada pelo anúncio acabou calhando com o contexto brasileiro da época, permitindo que a canção fosse aproveitada para outros fins.

Jingle de ocasião

Outros exemplos de *jingle* institucional compreendem aqueles lançados em datas específicas, como campeonatos esportivos, dias festivos ou aniversários de cidades. O objetivo dessas composições é gerar simpatia entre o anunciante e o potencial consumidor.

Nesse sentido, "O humor convence por intermédio da diversão, da capacidade para suscitar emoções positivas, para chamar a atenção a partir de aspectos acessórios e laterais, já não centrados nas características dos produtos" (Camilo; Panke, 2008, p. 3). Na Copa do Mundo de 2002, por exemplo, como estratégia criativa, uma das emoções encontradas pela marca de cerveja Brahma foi o riso. Com o *jingle* *Embaixadas* (Brahma, 2002) – cujo comercial era estrelado por uma tartaruga –, feito com um sotaque oriental, a Brahma se afastou das imagens relacionadas a cerveja e mulher, comuns na época, para investir em uma estratégia mais bem-humorada:

> Torcedor apaixonado bradilero
> Fez promessa e vai andar Brasil intero
> Vai fazer embaixadinha até Japon
> E torcer pro Brasil ser campeon
> Tartaruga, né!
> Tartaruga, né!
> O Brasil vai dar olé!

Agência: F/Nazca S&S
Título: Embaixadas
Cliente: Brahma
Criação: Fábio Fernandes e Eduardo Martins
Data: 1/4/2002

Mãos à obra

1) Pesquise um *jingle*, classifique-o de acordo com as tipologias propostas neste capítulo e justifique sua classificação. Depois, "desconstrua" o *jingle* que você escolheu e escreva

qual teria sido o *briefing* recebido pela agência que o produziu.

2) Crie um *jingle* para a campanha do cliente a seguir.
   - Cliente: Empresa Dedetizando
   - Campanha: Conheça a Dedetizando

Introdução

A Dedetizando atua no segmento de dedetização de imóveis, tanto residenciais quanto comerciais, e de gerenciamento de pragas. Ela conta com especialistas para ações contra ratos, cupins, pombos, insetos e outras pragas.

Atualmente, a empresa oferece seus serviços apenas em Curitiba, mas planeja expandir sua área de atuação e, no futuro, abrir uma rede de franquias da marca. Para isso, pretende investir em um *slogan* que sintetize seus valores e sua missão da empresa e na imagem de uma mascote que seja adequada a seus serviços.

Público-alvo

Consumidores residenciais e corporativos que almejem livrar-se tanto de pragas perenes quanto sazonais.

Comunicação

Histórico da comunicação

A empresa ainda não veicula comerciais no rádio nem na TV. Também não tem perfil em redes sociais.

Objetivos da comunicação

A empresa deseja tornar-se referência no mercado de dedetização para ser reconhecida e poder auxiliar sua expansão pelo país. Para isso, pretende ser ativa nas redes sociais e criar um aplicativo que facilite a interação com seus clientes.

Obrigatoriedade (identidade da marca, assinatura, fonte, logo etc.)

Como a empresa é nova, é necessário criar toda a sua identidade visual (logo, cores, fonte etc.) e sonora (assinatura, *slogan*, *jingle* etc.).

Pontos-chave para criação (tom, mensagem principal, mote etc.)

Deve-se buscar atrair novos clientes usando uma linguagem simples, jovial e humorística. Situações embaraçosas que envolvam pragas urbanas podem servir de base para os anúncios.

Posicionamento

Reforçar a imagem de empresa prestadora de serviços 24 horas e que conta com estratégias atualizadas e substâncias cientificamente certificadas, que não agridem o meio ambiente.

Resumo do briefing

- Peças: jingles de 60 segundos com versão reduzida de 30 segundos.
- Objetivo: divulgar os serviços da Dedetizando em todo o país, visando torná-la referência no mercado, com o uso de linguagem descontraída.
- Verba: não definida.
- Praça de veiculação: no início, as principais capitais e, posteriormente, cidades do interior.
- Período: 6 meses.
- Meio: rádio, TV, internet e redes sociais.

Perguntas & respostas

Cantar para vender?

Os *jingles* são peças publicitárias que auxiliam a fixar o posicionamento das marcas. Mais do que promover alguma venda direta, quando benfeitos, eles promovem a memorização do produto pelo consumidor.

Síntese

Em nossa leitura, percebemos que a música é um dos recursos mais utilizados para estimular a emoção. Com ela, podemos comunicar alegria, suspense, drama, romance, entre outros sentimentos. Os acordes musicais contagiam e ajudam a estabelecer nas pessoas estados de ânimo diversos, os quais devem estar relacionados com toda a campanha, evitando discrepâncias na mensagem transmitida.

Diante dessa compreensão, propusemos tipologias para os *jingles*, principais peças musicais da publicidade, dividindo-os em três grupos: *jingles* de varejo, políticos e institucionais.

O primeiro enfatiza a venda de produtos e serviços, adotando técnicas de descrição das vantagens da compra, de reforço de *slogans* e de ações promocionais. Nesse caso, as características do anunciante estão em evidência, explicitando seu apelo comercial.

No segundo grupo, estão as ações de propaganda em que a música comunica propostas relacionadas à vida em comunidade ou até mesmo a candidaturas políticas, no caso dos *jingles* eleitorais.

Por último, no grupo dos *jingles* institucionais, estão as canções que apresentam valores da marca ou do anunciante sem relacioná-los ao produto ou ao serviço ofertado.

Apesar da supremacia da imagem na comunicação publicitária, o *jingle* continua sendo um importante meio capaz de agir na imaginação do público, na fixação de conceitos e na fidelização das marcas. Há de se considerar que é, também, uma obra artística, como podemos perceber pelo sucesso que alguns deles obtiveram, deixando de ser apenas uma "musiquinha comercial" para se tornarem peças fundamentais no processo de comunicação.

Por isso, ressaltamos que as mensagens musicadas ultrapassam a veiculação radiofônica e estão presentes em diversas plataformas, como audiovisuais, ações de guerrilha, aplicativos móveis e mobiliário urbano, conforme a imaginação dos anunciantes.

Questões para revisão

1) O que são *jingles*?
2) Quais são os principais tipos de *jingles*?
3) Com relação às características de um *jingle* eficiente, marque V para as afirmativas verdadeiras e F para as falsas.
    ( ) Deve descrever a utilidade do produto.
    ( ) Deve contar com letra repetitiva.
    ( ) No caso do *jingle* eleitoral, deve citar o número do candidato.
    ( ) Deve adotar ritmos contagiantes e próximos à moda da época.

Agora, assinale a alternativa que apresenta a sequência obtida:

a) V, V, F, F.
b) F, V, V, V.
c) V, V, V, F.
d) F, V, F, V.
e) F, F, V, V.

4) Marque V para as afirmativas verdadeiras e F para as falsas.
( ) A música pode ser considerada a linguagem das emoções por causa dos aspectos sensoriais que provoca.
( ) O ritmo dos acordes musicais não consegue estimular no ouvinte emoções variadas, como comoção, suspense ou alegria.
( ) A música tornou-se um dos elementos mais frequentes nos processos de comunicação verbal e não verbal utilizados pela propaganda.
( ) A ação de cantar para vender deixou de ser uma das estratégias mais efetivas para a memorização de anúncios de publicidade.

Agora, assinale a alternativa que apresenta a sequência obtida:

a) F, V, F, F.
b) V, F, F, V.
c) V, F, V, F.
d) V, F, V, V.
e) V, F, F, V.

5) Marque V para as afirmativas verdadeiras e F para as falsas.
   ( ) Os *jingles* de varejo estimulam o objetivo principal da publicidade, que é a venda.
   ( ) Os *jingles* políticos se restringem às questões eleitorais.
   ( ) Os *jingles* institucionais procuram reforçar as marcas das empresas.
   ( ) O *jingle* eleitoral deve apresentar, preferencialmente, o número do candidato.

   Agora, assinale a alternativa que apresenta a sequência obtida:
   a) V, V, F, F.
   b) V, F, F, F.
   c) V, F, V, F.
   d) V, F, F, V.
   e) V, F, V, V.

Questões para reflexão

1) Uma vez que a publicidade explora sensações e emoções e considerando que a música é forte aliada nesse processo, reflita sobre o motivo de a produção de *jingles* ser reduzida na atualidade.

2) Reflita sobre outras possíveis formas de se usar a música para fins publicitários.

3) Ouça os *jingles* veiculados em sua rádio de preferência e, baseado nas tipologias discutidas neste capítulo, pondere sobre outra possível classificação dessas peças publicitárias.

Estudo de caso

Campanha #ValorizaUFPR

Este é um caso real envolvendo a parceria entre a Superintendência de Comunicação e Marketing (Sucom) e os alunos da disciplina de Produção Publicitária em Áudio, ambos da Universidade Federal do Paraná (UFPR). A redação do *briefing* da campanha contou com a participação de alunos da universidade.

A Sucom iniciou em 2017 a campanha #ValorizaUFPR, que foi dividida em três fases. A primeira procurou mostrar a beleza e a força das pessoas que fazem a UFPR. A segunda chamou as pessoas para perto da UFPR para gerar a sensação de pertencimento nesse público. A terceira, além de destacar os valores da UFPR, iniciou uma ação visando economizar os recursos públicos.

Além de *spots* veiculados na rádio da UFPR, a Sucom realizou diversas inserções na internet, assim como reportagens jornalísticas e vídeos na UFPRTv, mostrando personagens destacados na comunidade acadêmica e práticas exemplares. Ela também enviou camisetas e *banners* para todos os *campi* da universidade. Na ação solicitada no *briefing*, o intuito era levar a campanha #ValorizaUFPR para a comunidade externa a fim de reforçar a adesão do público interno da UFPR.

Os alunos da disciplina de Produção Publicitária em Áudio se reuniram com a representante do cliente para a criação dos *spots*. Após o encontro, uma das estudantes redigiu o *briefing* com base na entrevista e no material fornecido pela Sucom. O processo de criação foi guiado pela superintendente da Sucom, a professora Luciana Panke.

Após a aprovação das ideias e dos roteiros, os estudantes gravaram uma assinatura padrão. Todos os *spots* deveriam ter uma unidade de comunicação que correspondesse ao mote da campanha.

Dessa forma, as equipes gravaram e produziram suas peças, as quais foram apresentadas posteriormente. O resultado foi a produção de treze *spots*, dos quais seis foram selecionados pela diretoria da Sucom para veiculação. Esses *spots* podem ser conferidos nas emissoras de rádio e no portal da UFPR, bem como no repositório do Canal Panke, no YouTube[1].

Cliente: Superintendência de Comunicação e Marketing (Sucom) da Universidade Federal do Paraná (UFPR)

Campanha: #ValorizaUFPR

Introdução

A Universidade Federal do Paraná (UFPR) é a mais antiga universidade do Brasil e símbolo de Curitiba. Envolta em uma história de lutas e conquistas desde 1912, a UFPR é referência no ensino superior para o estado e para o Brasil. Símbolo maior da intelectualidade paranaense, a universidade

---

[1] Disponível em: <https://www.youtube.com/channel/UCgFQwc_akSKWrni4p23KlNQ>. Acesso em: 30 jul. 2018.

demonstra sua importância e excelência em ações de ensino, pesquisa, extensão e desenvolvimento.

A imagem que a universidade passa por suas redes sociais, principalmente Facebook e Instagram, é atrelada sempre às boas práticas sociais, às causas de inclusão (raciais, de gênero e de classe) e ao apoio à diversidade. A nova política de comunicação da Sucom enfatiza as produções dos integrantes da comunidade acadêmica, visibilizando as mais diversas áreas do saber.

Muito preocupada com o bem-estar do aluno e da comunidade em geral, a UFPR valoriza as questões em pauta na sociedade e se caracteriza por ter um ambiente plural, no qual o debate público é instrumento da convivência democrática.

Há diversos projetos dentro da universidade, como os atendimentos no setor da saúde (odontológicos, psicológicos, clínicos gerais etc.) e as empresas juniores, que promovem ações para a comunidade em geral. O número de atendimentos e de cirurgias realizados pelo Complexo Hospital de Clínicas da UFPR (CHC-UFPR) impressiona muito.

Público-alvo

Público interno da UFPR e a comunidade em geral.

Comunicação

Histórico da comunicação

A campanha #ValorizaUFPR já está no ar, nas redes da UFPR (portal, redes sociais e mídia *off-line* nos *campi*), e tem como objetivo fortalecer o papel transformador e de inclusão que a universidade desempenha para a comunidade acadêmica e para a sociedade.

As estratégias visam reforçar a importância da instituição como espaço de acolhimento e referência na formação de muitas gerações, tanto na produção de saberes quanto na valorização de pesquisadores, projetos e cursos que fazem a diferença na vida de muitas pessoas.

Objetivos da comunicação

Expor a visão de mundo, os valores e os benefícios que a UFPR traz para a comunidade em geral, divulgando a filosofia da universidade para o público externo e conscientizando a população sobre as causas sociais que a instituição apoia. Ao mesmo tempo, sensibilizar alunos e professores de que o espaço acadêmico é valorizado porque é construído por pessoas e por suas histórias. Além disso, incentivá-los, junto com os servidores, a contar suas experiências e conquistas, compartilhando o orgulho de ser UFPR. Por fim, estimular a economia de recursos públicos e de insumos ambientais.

Obrigatoriedade (identidade da marca, assinatura, fonte, logo etc.)

Divulgar a assinatura: "Valoriza UFPR: nossa história é todo dia".

Pontos-chave para criação (tom, mensagem principal, mote etc.)

Utilizar voz e linguagem jovens, nem tão sérias, nem tão vulgares.

Posicionamento

Valorizar a universidade, deixando claro que seu posicionamento é de uma instituição que apoia as causas sociais e que se preocupa com a comunidade em vários quesitos: saúde, educação, meio ambiente, inclusão social (raça, gênero, nacionalidade, orientação sexual etc.), entre outros.

Teor da comunicação

A UFPR é feita por pessoas e valoriza aspectos como: integração, conquistas, relações sociais, pesquisas, diversidade e economia de recursos.

Resumo do *briefing*

- Peças: *spots* de rádio de 30 segundos.
- Objetivo: reforçar os valores da universidade para a comunidade em geral e promover a conscientização a respeito de temas sociais.
- Verba: não divulgada.
- Praça de veiculação: estado do Paraná.
- Período: junho a dezembro de 2017.
- Meio: rádio UniFM[2] e Rádio UFPR[3].

As peças da campanha podem ser visualizadas no seguinte *site*:

UNIVERSIDADE FEDERAL DO PARANÁ. **Consumo consciente**: #ValorizaUFPR. Disponível em: <http://www.ufpr.br/portalufpr/consumo-consciente-valorizaufpr/>. Acesso em: 30 jul. 2018.

---

[2] A rádio UniFM é uma emissora da Fundação de Apoio da Universidade Federal do Paraná (Funpar).

[3] A Rádio UFPR é transmitida pela internet.

Para concluir...

Ao longo de nosso estudo, pudemos perceber o quanto o som é apaixonante. Quem nunca se deliciou ouvindo o barulho da chuva, riu junto com a gargalhada alheia, prendeu a respiração diante de um silêncio inesperado ou foi embalado por uma música? Os sons estão em nosso cotidiano, acompanhando-nos em todas as atividades. Trabalhar com algo assim só poderia ser apaixonante. Além disso, ele é um dos principais meios de comunicação e, como tal, muito utilizado pela publicidade.

Nesse sentido, verificamos que a comunicação auditiva é realizada em diversas plataformas, entre as quais a mais famosa é o rádio. Porém, como os códigos que viabilizam as mensagens sonora (idioma, sonoplastia, música e silêncio) não se limitam a esse veículo, a publicidade abrange formatos que vão desde a voz dos vendedores no comércio até os dispositivos móveis e as ações especiais de *marketing*, incluindo veículos com alto-falantes e sistemas de áudio internos em empresas e aeronaves. Portanto, há várias opções eficientes, criativas e econômicas disponíveis nessa área.

Além disso, explicitamos que, no rádio, encontramos dez formatos de anúncio mais comuns: *spot,* texto-foguete, vinheta, apoio cultural ou patrocínio, *merchandising* e testemunhal, *teaser, jingle,* programete/conteúdo, unidade móvel e ações especiais. Cada um deles tem sua utilidade estratégica.

Para que os anúncios radiofônicos sejam eficazes, destacamos a necessidade de se estimular a criação de peças que despertem a imaginação do ouvinte. Para isso, os profissionais da área precisam procurar os caminhos mais adequados e encontrar os recursos corretos para desenvolver sua atividade com persuasão e para levar ao conhecimento do público a melhor versão do anunciante. Assim, é fundamental que dominem o assunto tratado e os objetivos da divulgação, sem esquecer que o processo de criação é um trabalho coletivo, que une diferentes sensibilidades.

Apesar de ser um meio mais barato do que a televisão ou outros veículos audiovisuais, o rádio também demanda primor técnico em suas gravações. Uma boa produção, que busque a excelência, não representa um gasto, mas um investimento em um produto de qualidade. Na seção "Apêndice", apresentamos fotos de estruturas básicas voltadas para o funcionamento adequado de um estúdio de gravação de áudio.

Como Clóvis Reis comenta no prefácio desta obra, o rádio sobreviveu à popularização de outras tecnologias de informação e comunicação e se adaptou às possibilidades trazidas pela digitalização e pela transmissão *on-line*. Toda vez que um novo veículo de comunicação se populariza, ocorre um alvoroço na sociedade, trazendo a suposição de que mídias mais antigas deixarão de existir. Porém, o que percebemos é uma reconfiguração dessas plataformas, assim como tem acontecido com o rádio.

De um veículo elitizado em sua criação, o rádio é hoje um meio de comunicação que alcança pessoas de todas as faixas etárias e classes econômicas. De fato, ele chega a locais aos quais nem a televisão nem a internet alcançam. Além disso, acompanha as populações urbanas em seus carros nos horários de ida e de volta do trabalho, transformando-se em fonte de informação para as classes trabalhadoras. No momento da escrita deste texto, em Curitiba, no primeiro lugar de audiência entre as rádios FM estava uma emissora especializada em músicas *pop rock* e, no segundo lugar, uma emissora que transmite exclusivamente notícias (Radios…, 2018).

Nesse aspecto, observamos que as emissoras estão se tornando cada vez mais especializadas ou fazendo parte de redes. Por isso, estações dedicadas exclusivamente a notícias, a determinados estilos de música, à transmissão de eventos esportivos e a públicos específicos devem se propagar, ainda mais com o sistema digital, no qual a radiodifusão promete aumentar a variedade na oferta de conteúdo. Além disso, a transmissão digital permite o aumento da qualidade do áudio, a multiprogramação, a transmissão de dados (textos, fotos, informações de trânsito, alertas de emergência etc.) e a cobertura de uma mesma área com menor potência (Equipe DRM Brasil, 2018). Também a interação com outras plataformas é uma realidade que não pode ser ignorada. A participação do ouvinte, por exemplo, outrora acontecia via carta ou telefone e, agora, ocorre via redes sociais, de forma visível para outros usuários.

Em vista disso, nas estações que oferecem versão *on-line*, além da necessidade de o conteúdo se adaptar da versão "unimídia" para a multimídia, a publicidade que elas veiculam sofreu mudanças. Há, inclusive, a expectativa de elas se aproximarem do audiovisual, com a exibição de som e imagem, apesar de também existir a possibilidade de apenas uma tela fixa com uma mensagem ser transmitida.

Ressaltamos, porém, que o formato a que chamamos de "unimídia" é composta da comunicação sonora em suas múltiplas formas: voz, timbre, volume, sonoplastia, trilha, ruídos e, até mesmo, silêncio. Sem essas características, ela seria apenas algo homogêneo e sem impacto – o qual reside justamente no poder que o som tem de se transformar em algo contagiante, memorável e capaz de atingir os objetivos comunicativos.

Contudo, é fundamental lembrar que a mensagem sonora é efêmera, visto que é ouvida em meio a outras atividades. Por isso, é necessário usar a repetição e a redundância como recursos efetivos para reforçar a mensagem, além de saber criar paisagens sonoras e estimular as emoções dos ouvintes com o auxílio de melodias.

Como falamos no início deste livro, trabalhar com o som é apaixonante, e quem conseguir fazê-lo benfeito com certeza se destacará nessa área.

Até a próxima e bons sons!

Glossário[1]

Acervo de produção: Coleção de músicas, efeitos sonoros e trilhas usados por produtoras de áudio e emissoras para a produção de seus conteúdos de programação ou publicitários.

Acústica: Característica sonora de qualquer espaço fechado decorrente da quantidade de som refletido nas superfícies das paredes e o modo como essa quantidade se altera nas diferentes frequências.

Alcance: Termo utilizado em relação à medida de audiência e que descreve o número de diferentes ouvintes de uma emissora em um período específico. Também é a porção do espectro de frequências que um microfone ou outro equipamento de áudio pode reproduzir.

AM (Amplitude modulada): Frequência de transmissão em ondas médias.

Airshift: Período no qual qualquer operador de rádio põe a programação da emissora no ar.

Audiência acumulada: Método de medida de audiência que usa interpretações estatísticas para determinar o número de ouvintes da emissora, sem duplicação de dados.

---

[1] Elaborado com base em Hausman et al., 2010; McLeish, 2001.

Bidirecional: Microfone sensível em duas direções (frontal e traseira), mas insensível nos lados.

Briefing: Solicitação para a agência de comunicação sobre o trabalho a ser desenvolvido, contendo informações como a situação do cliente e o problema a ser anunciado. O *briefing* é um documento entregue à equipe de criação para apresentar os dados e o perfil da campanha a ser elaborada.

Canal: Circuito completo de uma fonte sonora até o ponto no painel de controle, no qual é mixado com outros. É também a designação para entrada ou saída de uma mesa de som.

CPM (custo por milhar): Custo para se alcançarem mil ouvintes.

CPP (custo por ponto): Custo para se comprar um ponto de audiência em determinado mercado.

Decibel: Medida logarítmica de intensidade sonora ou sinal elétrico. Menor mudança de nível perceptível pela audição humana.

Dicção: Modo ou arte de dizer, de recitar.

Edição: Alteração da estrutura do som gravado a fim de dar sentido à mensagem.

Ênfase: Entonação da voz em certos vocábulos. Relevo ou destaque de pronúncia. Costuma-se dizer também "colorido".

Formato MP3: Formato de arquivo de áudio comprimido ideal para transmissão via internet.

Fade in: Aumento do volume da música.

Fade out: Redução do volume da música.

Formato WAV: Arquivo sonoro digital armazenado em um formato de modulação de códigos específicos do sistema operacional Windows.

Multicanal: Tipo de mesa usada na gravação de sons que é capaz de isolar os canais uns dos outros.

Pacote de *jingles*: Conjunto de *jingles* usado pela emissora como um logotipo de áudio.

Plasticidade: Capacidade de transformação da voz baseada na entonação vocal e na interpretação vocal cênica.

Pronúncia: Maneira de articular os sons.

Sibilância: Em uma locução, a ênfase nos sons do fonema /s/ pode ser acentuada ou reduzida conforme a posição do microfone.

Streaming: Tecnologia que permite a um usuário ouvir um arquivo de áudio à medida que é transmitido de um servidor distante.

Tatilidade: Sensação provocada pelo áudio. Os sons ultrapassam a audição, podendo intervir em outras sensações corporais.

Timbre: Qualidade distinta da voz no que diz respeito à altura (volume) e à intensidade (energia).

Tonalidade: Harmonia de sons que seguem seus encadeamentos.

Volume: Grau de energia; força da voz; potência.

Referências

A.R Efeitos Sonoros. Disponível em: <https://www.youtube.com/channel/UCgz4mHJmCG8Cz3ZveDN9yCg>. Acesso em: 30 jul. 2018.

ABREU, K. C. K. **Aspectos da criação publicitária**. 2010. Disponível em: <http://www.bocc.ubi.pt/pag/bocc-kraemer-criacao.pdf>. Acesso em: 30 jul. 2018.

ACIOLI, H. **Lula lá**. 1989. *Jingle* político.

ALVES, R. P. A. dos S. Rádio no ciberespaço: interseção, adaptação, mudança e transformação. In: CONGRESSO BRASILEIRO DE CIÊNCIAS DA COMUNICAÇÃO, 26., 2003, Belo Horizonte. **Anais**... São Paulo: Intercom, 2003. Disponível em: <http://www.intercom.org.br/papers/nacionais/2003/www/pdf/2003_NP06_alves.pdf>. Acesso em: 30 jul. 2018.

APRILE, O. C. **La publicidad audiovisual**: del blanco y negro a la web. Buenos Aires: La Crujía, 2008.

AUGUSTO, C.; ROSSINI, C. Cerveja. Intérprete: Leandro & Leonardo. In: LEANDRO & LEONARDO. **Leandro & Leonardo vol. 11**. São Paulo: Chantecler, 1997. Faixa 2.

BARBOSA FILHO, A. **Gêneros radiofônicos**: os formatos e os programas de rádio. São Paulo: Paulinas, 2003.

BARRETO, T. **Vende-se em 30 segundos**: manual do roteiro para filme publicitário. São Paulo: Senac, 2004.

BARTHES, R. **Lo obvio y lo obtuso**: imágenes, gestos, voces. Barcelona: Paidós, 1995.

BATOCHIO, R. **Reportagem rádio**. Revista de Criação, 2006.

BAVÁRIA. **Cerveja**. 1997. Publicidade.

BBC – British Broadcasting Corporation. **BBC player radio**. Disponível em: <http://www.bbc.co.uk/radio>. Acesso em: 30 jul. 2018.

BERGER, J. **Modos de ver**. Rio de Janeiro: Rocco, 1999.

BERTOMEU, J. V. C. **Criação em filmes publicitários**. São Paulo: Cengage Learning, 2011.

_____. **Filmes publicitários**: o processo de criação e as buscas do mercado global. 593 f. Tese (Doutorado em Comunicação e Semiótica) – Pontifícia Universidade Católica de São Paulo, São Paulo, 2008. Disponível em: <http://livros01.livrosgratis.com.br/cp058778.pdf>. Acesso em: 30 jul. 2018.

BRAHMA. **Embaixadas**. 2002. Publicidade.

BRANCO, R. C.; MARTENSEN, R. L.; REIS, F. (Org.). **História da propaganda no Brasil**. São Paulo: T. A. Queiroz, 1990.

BRASIL. Decreto-Lei n. 21.111, de 1º de março de 1932. **Diário Oficial da União**, Poder Legislativo, Rio de Janeiro, DF, 4 mar. 1932. Disponível em: <http://www2.camara.leg.br/legin/fed/decret/1930-1939/decreto-21111-1-marco-1932-498282-publicacaooriginal-81840-pe.html>. Acesso em: 30 jul. 2018.

BRASIL. Secretaria de Comunicação Social da Presidência. Assessoria de Pesquisa de Opinião Pública. **Pesquisa brasileira de mídia**: 2016 – relatório final. Brasília, 2016. Disponível em: <http://www.secom.gov.br/atuacao/pesquisa/lista-de-pesquisas-quantitativas-e-qualitativas-de-contratos-atuais/pesquisa-brasileira-de-midia-pbm-2016.pdf/view>. Acesso em: 30 jul. 2018.

BURATTO, L. G. Fora há 4 anos, Kolynos pode voltar em 2001. **Folha Online**, [2000]. Disponível em: <http://www1.folha.uol.com.br/folha/topofmind/pastas_de_dente.shtml>. Acesso em: 30 jul. 2018.

CAMBOIM, C. R. **Anatomia de um jingle premiado**: análise do *jingle* "Rola rola" do jornal Zero Hora. 67 f. Monografia (Bacharelado em Comunicação Social) – Universidade Federal do Rio Grande do Sul, Porto Alegre, 2011. Disponível em: <http://www.lume.ufrgs.br/bitstream/handle/10183/33537/000789967.pdf?sequence=1>. Acesso em: 30 jul. 2018.

CAMILO, E.; PANKE, L. O riso no ar!: Apontamentos sobre o humor na comunicação publicitária radiofônica. In: CONGRESSO BRASILEIRO DE CIÊNCIAS DA COMUNICAÇÃO, 31., 2008, Natal. **Anais**... São Paulo: Intercom, 2008. Disponível em: <http://www.intercom.org.br/papers/nacionais/2008/resumos/R3-1428-1.pdf>. Acesso em: 30 jul. 2018.

CARDOSO, P. R.; GOMES, N.; FREITAS, E. S. L. O papel da música nos anúncios publicitários. **Revista Comunicação, Mídia e Consumo**, São Paulo, v. 7, n. 18, p. 11-35, mar. 2010.

CARRASCOZA, J. A. **A evolução do texto publicitário**: a associação de palavras como elemento de sedução na publicidade. São Paulo: Futura, 1999.

_____. **Estratégias criativas da publicidade**: consumo e narrativa publicitária. São Paulo: Estação das Letras e Cores, 2014.

CARVALHO, N. de. **Publicidade**: a linguagem da sedução. 3. ed. São Paulo: Ática, 2004.

CBN – Central Brasileira de Notícias. **Globo.com**. Disponível em: <https://cbn.globoradio.globo.com/>. Acesso em: 30 jul. 2018.

CÉSAR, C. **Como falar no rádio**: prática de locução AM e FM. 10. ed. São Paulo: Summus, 2009.

COSTA, A.; SILVA, N. M. da.; BIANCO, T. **Jingle**: sucesso na comunicação de massa. Monografia (Bacharelado em Comunicação Social) – Universidade de Ribeirão Preto, Ribeirão Preto, 2003.

CROZIER, W. R. Music and Social Influence. In: HARGREAVES, D. J.; NORTH, A. C. (Ed.). **The Social Psychology of Music**. Oxford: Oxford University Press, 1999. p. 67-83.

DEL BIANCO, N. R. Promessas de mudanças na programação e na linguagem das emissoras digitalizadas. In: MAGNONI, A. F.; CARVALHO, J. M. de (Org.). **O novo rádio**: cenários da radiodifusão na era digital. São Paulo: Senac, 2010. p. 91-112.

D' ELBOUX, P. C. et al. A construção do discurso persuasivo: um estudo sobre o emprego dos recursos linguísticos nos jingles eleitorais. In: ROCHA, D.; GONDO, R.; QUEIROZ, A. (Org.). **O prisma político eleitoral pelas mensagens comunicacionais**. Curitiba: Politicom, 2012. p. 9-24. Disponível em: <https://issuu.com/politicom/docs/ebook_politicom_mackenzie_1_>. Acesso em: 30 jul. 2018.

DOMENACH, J.-M. **A propaganda política**. [S.l.]: Ridendo Castigat Mores, 2001. Disponível em: <http://www.ebooksbrasil.org/adobeebook/proppol.pdf>. Acesso em: 30 jul. 2018.

DUCHAS CORONA. 1972. Publicidade.

ECO, U. **Apocalípticos e integrados**. São Paulo: Perspectiva, 1993. (Coleção Debates, v. 19).

EQUIPE DRM BRASIL. O que é rádio digital. **DRM Brasil**. Disponível em: <http://www.drm-brasil.org/content/o-que-%C3%A9-r%C3%A1dio-digital>. Acesso em: 30 jul. 2018.

FEITOSA, E. L. V. **Podcastjornalismo**: em pauta, discussões e produção especifica para um novo meio. Trabalho de conclusão de curso (Comunicação Social) – Universidade Federal do Paraná, Curitiba, 2007.

FIAT. **Vem pra rua**. 2013. Publicidade.

FIGUEIREDO, C. **Redação publicitária**. São Paulo: Pioneira Thomson Learning, 2005.

GELATO. **Cornetto**. 1984. Publicidade.

GERALDO VANDRÉ. Pra não dizer que não falei das flores (Caminhando). In: FESTIVAL INTERNACIONAL DA CANÇÃO, 3., 1968, Rio de Janeiro, **Anais**... Rio de Janeiro: Rede Globo, 1968. Disponível em: <https://www.youtube.com/watch?v=wkEGNgib2Yw>. Acesso em: 30 jul. 2018.

GOMES, N. D. **Formas persuasivas de comunicação política**: propaganda política e publicidade eleitoral. Porto Alegre: Edipucrs, 2000. (Coleção Comunicação, v. 3).

GPR – Grupo dos Profissionais do Rádio. Disponível em: <http://urlm.com.br/www.gpradio.com.br>. Acesso em: 30 jul. 2018.

GRUPO DE MÍDIA RIO DE JANEIRO. Disponível em: <http://www.midiarj.org.br/>. Acesso em: 30 jul. 2018.

GRUPO DE MÍDIA SÃO PAULO. Disponível em: <https://www.gm.org.br/>. Acesso em: 30 jul. 2018.

HAUSMAN, C. et al. **Rádio**: produção, programação e performance. São Paulo: Cengage Learning, 2010.

IBOPE – Instituto Brasileiro de Opinião Pública e Estatística. Disponível em: <http://www.ibope.com.br/pt-br/Paginas/oquevoceprocura.aspx>. Acesso em: 30 jul. 2018.

ITAÚ. **Aniversário de São Paulo**. 2001. Publicidade.

JOSÉ Serra: presidente 2002 – segunda-feira. 2002. Propaganda política.

KASEKER, M. P. **Modos de ouvir**: a escuta do rádio ao longo de três gerações. Curitiba: Champagnat, 2012.

KISCHINHEVSKY, M. Compartilhar, etiquetar: interações no rádio social. **Revista Comunicação, Mídia e Consumo**, São Paulo, v. 11, n. 30, p. 143-162, jan./abr. 2014.

LEVITIN, D. **A música no seu cérebro**: a ciência de uma obsessão humana. Rio de Janeiro: Civilização Brasileira, 2010.

LIMEIRA, L. Tipos de rádio. In: SOUZA, A I; DALLA COSTA, R. M. (Coord.). **Rádios comunitárias**: a voz da comunidade – novas práticas culturais na educação e comunicação. 2. ed. Curitiba: Cefuria; Ncep/UFPR, 2006. p. 21. (Série Comunicação e Cultura Popular, caderno 1).

LOURENÇO, L. C. Jingles políticos: estratégias, cultura e memória nas eleições brasileiras. **Revista Aurora**, n. 4, p. 205-217, 2009. Disponível em: <http://www.pucsp.br/revistaaurora/dez_2008/lourenco.pdf>. Acesso em: 30 jul. 2018.

MAGNONI, A. F.; CARVALHO, J. M. de (Org.). **O novo rádio**: cenários da radiodifusão na era digital. São Paulo: Senac, 2010.

MALANGA, E. **Publicidade**: uma introdução. São Paulo: Atlas, 1976.

MANHANELLI, C. **Jingles eleitorais e marketing político**: uma dupla do barulho. São Paulo: Summus, 2011.

MARTINS, J. S. **Redação publicitária**: teoria e prática. 2. ed. São Paulo: Atlas, 1997.

MAUGERI NETO; ALMEIDA, F. A. de. **Varre, varre, vassourinha**. 1960. Propaganda política.

MCLEISH, R. **Produção de rádio**: um guia abrangente da produção radiofônica. 2. ed. São Paulo: Summus, 2001.

MEDITSCH, E. A informação sonora na webemergência: sobre as possibilidades de um radiojornalismo digital na mídia e pós-mídia. In: MAGNONI, A. F.; CARVALHO, J. M. de (Org.). **O novo rádio**: cenários da radiodifusão na era digital. São Paulo: Senac, 2010. p. 133-168.

_____. **A nova era do rádio**: o discurso do radiojornalismo enquanto produto intelectual eletrônico. 1997. Disponível em: <http://bocc.ubi.pt/pag/meditsch-eduardo-discurso-radiojornalismo.html>. Acesso em: 30 jul. 2018.

MENDONÇA, D. **Casos e coisas**. São Paulo: Globo, 2001.

MILLECCO FILHO, L. A.; BRANDÃO, M. R. E.; MILLECCO, R. P. **É preciso cantar**: musicoterapia, canto e canções. Rio de Janeiro: Enelivros, 2001.

MORAES, F. Sobre jingles políticos. **Folha de S.Paulo**, 22 set. 2002. Disponível em: <http://www1.folha.uol.com.br/folha/brasil/ult96u38289.shtml>. Acesso em: 30 jul. 2018.

NESTLÉ. **Sem parar**. [S.d.]. Publicidade.

ORTIZ, M. A.; MARCHAMALO, J. **Técnicas de comunicação pelo rádio**: a prática radiofônica. Tradução de Alda da Anunciação Machado. São Paulo: Loyola, 2005.

ORTRIWANO, G. S. **A informação no rádio**: os grupos de poder e a determinação dos conteúdos. São Paulo: Summus, 1985.

PANKE, L. Cantar para vencer: reflexões sobre os jingles eleitorais. In: QUEIROZ, A. C. F.; TOMAZIELLO, P. S.; MACEDO, R. G. (Org.). **Comunicação política e eleitoral no Brasil**: perspectivas e limitações no dinamismo político. Americana: Politicom, 2010. p. 9-17.

_____. Publicidade radiofônica como elemento de resgate da cidadania em rádios comunitárias. In: MARTINS, M. de L.; PINTO, M. (Org.). **Comunicação e cidadania**: actas do 5° Congresso da Associação Portuguesa de Ciências da Comunicação. Braga: Centro de Estudos de Comunicação e Sociedade (Universidade do Minho), 2008a. p. 797-805.

_____. Rádio no século XXI: conexões possíveis. **Diálogos Possíveis**, Bahia, v. 7, n. 1, p. 91-106, jul./dez. 2008b. Disponível em: <http://revistas.faculdadesocial.edu.br/index.php/dialogospossiveis/article/download/145/104>. Acesso em: 30 jul. 2018.

_____. Uma proposta de tipologia para os jingles. **Revista Rádio-Leituras**, Mariana, v. 6, n. 2, p. 83-106, jul./dez. 2015. Disponível em: <http://www.periodicos.ufop.br/pp/index.php/radio-leituras/article/view/87>. Acesso em: 30 jul. 2018.

PANKE, L.; IACOVONE, A.; MENDONCA, T. Persuasão musical: os jingles eleitorais na campanha para a Prefeitura de Curitiba, em 2008. In: QUEIROZ, A. et al. (Org.). **Marketing político**: estratégias globais e regionais. Taubaté: Oficina de Livros, 2010. p. 67-84.

PARMALAT. **Mamíferos**. 1997. Publicidade.

PENTEADO, R. Z. Análise da voz nas locuções publicitárias: possibilidades de interpretação e representação. **Impulso**: Revista de Ciências Sociais e Humanas, Piracicaba, v. 10, n. 22/23, p. 55-70, jan. 1999.

POLI, S. T. de. **A comunicação persuasiva do jingle político**: um estudo sobre a estrutura e os efeitos das canções eleitorais. 133 f. Dissertação (Mestrado em Comunicação e Linguagens) – Universidade Tuiuti do Paraná, Curitiba, 2008.

PREDEBON, J. (Coord.). **Curso de Propaganda**: do anúncio à comunicação integrada. São Paulo: Atlas, 2004.

PREFEITURA lança campanha contra assédio no transporte coletivo. **Agência de Notícias da Prefeitura de Curitiba**. 24 nov. 2014. Disponível em: <http://www.curitiba.pr.gov.br/noticias/prefeitura-lanca-campanha-contra-assedio-no-transporte-coletivo/34876>. Acesso em: 30 jul. 2018.

RADIOCABLE. Disponível em: <http://www.radiocable.com/>. Acesso em: 30 jul. 2018.

RADIO DE VERDADE. Disponível em: <http://www.radiodeverdade.com/>. Acesso em: 30 jul. 2018.

RADIOS.COM.BR. Disponível em: <http://www.radios.com.br>. Acesso em: 30 jul. 2018.

RÁDIOS FM mais acessadas por estado. **Radios.com.br**. Disponível em: <http://www.radios.com.br/cnt/relatorios/fmestado>. Acesso em: 30 jul. 2018.

REIS, C. Os formatos de anúncio publicitário no rádio: proposta de classificação dos diferentes tipos de patrocínio. **Revista Líbero**, São Paulo, v. 13, n. 26, p. 145-152, dez. 2010. Disponível em: <http://casperlibero.edu.br/wp-content/uploads/2014/05/11-Os-formatos-de-an%C3%BAncio-publicit%C3%A1rio-no-r%C3%A1dio.pdf>. Acesso em: 30 jul. 2018.

_____. **Propaganda no rádio**: os formatos de anúncio. Blumenau: Edifurb, 2008.

RFI: as vozes do mundo. **RFI – Rádio França Internacional**. Disponível em: <http://br.rfi.fr/>. Acesso em: 30 jul. 2018.

RODRIGUES, A. D. A linguagem da rádio. In: GOMES, A. et al. **Colóquios sobre rádio**. Lisboa: Dom Quixote, 1996. p. 53-56.

SAMPAIO, R. **Propaganda de A a Z**: como usar a propaganda para construir marcas e empresas de sucesso. 3. ed. Rio de Janeiro: Campus, 2003.

_____._____. 4. ed. Rio de Janeiro: Elsevier, 2013.

SCHAFER, R. M. **O ouvido pensante**. Tradução de Marisa Trench de O. Fonterrada, Magda R. Gomes da Silva e Maria Lúcia Pascoal. São Paulo: Fundação Ed. da Unesp, 1991.

SCHIFFER, M. B. **The Portable Radio in American Life**. Tucson: The University of Arizona Press, 1991.

SILVA, J. L. de O. A. da. **Rádio**: oralidade mediatizada – o spot e os elementos da linguagem radiofônica. 2. ed. São Paulo: Annablume, 1999.

SLOBODA, J. A. **A mente musical**: a psicologia cognitiva da música. Tradução de Beatriz Ilari e Rodolfo Ilari. Londrina: Eduel, 2008.

SPOT Revista Trip. 24 abr. 2016. Publicidade. Disponível em: <https://www.youtube.com/watch?v=-HEv6ylK0_g>. Acesso em: 30 jul. 2018.

URBS – Urbanização de Curitiba S/A. Campanha Busão sem Abuso gera aumento de denúncias de assédio em ônibus. **Urbanização de Curitiba S/A**, 24 abr. 2015a. Notícias. Disponível em: <http://www.urbs.curitiba.pr.gov.br/noticia/campanha-busao-sem-abuso-gera-aumento-de-denuncias-de-assedio-em-onibus>. Acesso em: 30 jul. 2018.

_____. Campanha Busão sem Abuso multiplica denúncias de violência contra mulheres nos ônibus. **Urbanização de Curitiba S/A**, 20 ago. 2015b. Notícias. Disponível em: <http://www.urbs.curitiba.pr.gov.br/noticia/campanha-busao-sem-abuso-multiplica-denuncias-de-violencia-contra-mulheres-nos-onibus>. Acesso em: 30 jul. 2018.

_____. Quem somos. **Urbanização de Curitiba S/A**. Disponível em: <http://www.urbs.curitiba.pr.gov.br/institucional/nossa-historia>. Acesso em: 30 jul. 2018.

VESTERGAARD, T. **A linguagem da propaganda**. São Paulo: M. Fontes, 1994.

VOTE no rei. 1993. Propaganda política. Disponível em: <https://www.youtube.com/watch?v=cZkP3ofX_JQ>. Acesso em: 30 jul. 2018.

WEBER, M. **Economia y sociedad**. 2. ed. México, D. F.: Fondo de Cultura Económica, 1964.

Apêndice

Estúdio de gravação sonora

Apresentamos a seguir algumas dicas para a montagem de um estúdio de áudio. As fotos são do Departamento de Comunicação da Universidade Federal do Paraná (UFPR). Aproveite.

Figura A Paredes tratadas

Usar um modelo que trata apenas de parte da parede é mais recomendado do que utilizar espuma por todas as paredes. A parede deve ser dividida em duas partes: a de baixo, com 1,50 m, deve ser tratada com placas de concreto de alta densidade explodidas (ou implodidas) – isso ajuda a isolar o ambiente e a tratar dele ao mesmo tempo. Na parte superior, podem ser usados painéis com espuma, mas somente em parte da área (menos de 50%).

Os painéis podem ser feitos de madeira, preferencialmente, ou de alumínio. A parte superior deve ter camada de tijolos duplos ou divisórias, com isolamento acústico.

Figura B Detalhe da parede

Formada por blocos de concreto de até 1,50 m, que podem ser encontrados em boas lojas de materiais de construção e são economicamente mais viáveis do que o Sonex, além de apresentar fácil aplicação.

Charles L. da Silva

Figura C Janela acústica

Formada por três vidros (de 5 mm cada), com vácuo entre eles – feito sob medida e sob encomenda. Esse tipo de janela não pode ser aberto e permite que o operador da técnica veja o interior do estúdio, bem como seja visto por quem está no local). Geralmente, é colocada na posição inclinada, para refletir o som para o teto.

Charles L. da Silva

Figura D Porta acústica

Feita sob encomenda. Tem vedantes (borrachas) para isolar todas as suas frestas – em cima, embaixo e nas laterais.
Basicamente, é composta de quatro camadas:
1) placa de MDF fino;
2) isopor;
3) isolante térmico – pode ser uma manta para telhados (parecida com uma folha de papel laminado com uma camada de plástico) ou uma manta asfáltica (geralmente usada para isolar pisos de banheiros);
4) MDF novamente, para o acabamento do outro lado da porta.

Figura E Teto com isolamento acústico alto

Feito especialmente para o estúdio de rádio com isolamento e tratamento acústicos. Apresenta três camadas, compostas de:
1) gesso com placas de espessura grossa (em torno de 1 polegada);
2) lã de vidro ensacada (também pode ser lã de rocha ensacada);
3) gesso acartonado perfurado.
Essa configuração é muito melhor do que espuma Sonex no teto.
Como o estúdio deve sempre estar com a porta e as janelas fechadas, recomenda-se a utilização de, pelo menos, dois aparelhos de ar-condicionado, com troca de ar e baixo nível de ruído.

Figura F Teto com isolamento acústico médio

Opção simplificada – tratamento acústico e isolamento de média qualidade. Teto com espuma de alta densidade, tipo Sonex. Janela acústica com abertura (para ambientes externos). Parede com revestimento composto de chapas de madeira sobrepostas a uma estrutura de madeira.

Figura G Equipamentos simples

Microfones de mesa com cápsula de captação.
Fones de ouvido de boa qualidade.
Microfone em pé, com pedestal.

Figura H Visão geral do estúdio

Técnica do estúdio no Departamento de Comunicação da Universidade Federal do Paraná (UFPR). Há uma janela acústica separando os ambientes.

Recomenda-se dispor de todos os equipamentos periféricos – *player* de CD, *player* de MD, entradas e conexões – para plugar cabos de diferentes formatos e, inclusive, para realizar entrevistas por telefone.

Para entrevistas por telefone, pode-se adaptar um aparelho já existente (economicamente mais viável) ou comprar um específico em lojas do ramo.

Respostas

Capítulo 1

Questões para revisão

1) Escuta ativa, atenção passiva e escuta passiva.
2) Os códigos de comunicação sonora são:
   - Código linguístico (idioma) – São as palavras usadas no roteiro levando-se em consideração os tons e o ritmo da narração.
   - Código dos ruídos (sonoplastia) – Proporciona a formação de paisagens sonoras que contextualizarão o ouvinte sobre a história.
   - Código musical – Auxilia a ditar a emoção a ser despertada no público.
   - Código do silêncio – Enfatiza determinado conteúdo, norteia o ritmo do anúncio e funciona como dois-pontos, ou seja, uma pausa introdutória.
3) d. Comentário: Lembre-se de que a maioria das pessoas ouve rádio quando está realizando outras atividades. Assim, a linguagem deve ser coloquial, e a informação principal, repetida no final, para garantir a memorização.

4) e. Comentários sobre as afirmativas: i) Na criação publicitária para áudio, é importante ter em mente que os sons são associados a diversas sensações, sejam universais, como a risada, sejam culturais, como as vinhetas de programas, sejam experiências individuais. Podemos utilizar estrategicamente os sons relacionados a algumas dessas sensações, mas nunca teremos como controlar a reação do público a todos eles. ii) As sociedades urbanas são consideradas imagéticas e líquidas, ou seja, norteadas por comunicações visuais que facilitam a decodificação e que são veiculadas em velocidades e em quantidades imensuráveis. Desse modo, a comunicação sonora compete com milhares de informações e se mistura à paisagem urbana e, por isso, suas mensagens são efêmeras. iii) O simulacro da realidade é a possibilidade de criar paisagens sonoras com barulhos que imitam a realidade. É um recurso de criação para gerar as sensações que se deseja e para chamar a atenção do ouvinte.
iv) Lembre-se de que o silêncio também é um código da publicidade sonora e, assim como a pausa, pode ser usado estrategicamente, para aumentar a inteligibilidade da mensagem ou para causar suspense, por exemplo.

5) b. Comentário: A música é um dos códigos de comunicação sonora que mais geram estados de ânimo. Os efeitos de uma melodia calma ou de uma melodia rápida são perceptíveis a todos. As canções também favorecem a memorização, sendo responsáveis por influenciar os estados de ânimo de quem as escuta. Portanto, é necessária coerência entre a mensagem e a trilha para não haver contradição nas sensações desencadeadas.

Capítulo 2
Questões para revisão

1) Usamos o *teaser* em campanhas maiores, em conjunto com outras peças, pois esse recurso gera expectativa do que vai ser anunciado posteriormente em um *spot*. Por isso, sua veiculação deve ser curta, pelo período de uma semana, em média.
2) Um bom roteiro deve deixar claro, desde o início, qual é a mensagem veiculada. Quem o lê não precisa adivinhar o que será feito. Deve ser usado como guia durante a gravação.
3) c. Comentário: O formato do roteiro se altera conforme a emissora ou a agência de comunicação que o elabora. Pode ser em tabela ou em texto corrido.
4) d. Comentário: O *spot* é uma peça radiofônica gravada e pré-produzida e pode conter *storytelling*. Já a unidade móvel é o formato de comercial veiculado direto nas ruas ou nos locais definidos pelo anunciante.
5) a. Comentário: As formas de montagem são realista (ou descritiva) e conceitual. Em ambas, espera-se o uso da criatividade para gerar engajamento.

Capítulo 3
Questões para revisão

1) O principal desafio é fazer com que essa peça publicitária seja atraente ao público e inteligível por ele já na primeira vez em que for veiculada.
2) Humores intertextual, fático, emotivo e comercial. No rádio, o humor fático é o mais usado, porque sua mensagem se adéqua aos tempos de veiculação.

3) d. Comentário: Por uma questão de organização da programação das emissoras, o *spot* tem, geralmente, duração de 30 segundos, com até dois acréscimos de 15 segundos, ou seja, são comerciais de 30 segundos, 45 segundos ou 1 minuto. Algumas rádios estão começando a flexibilizar essa norma. Os *spots* sempre são gravados e, por incrível que pareça, há peças que não deixam claro qual é o anunciante e qual é seu objetivo. Portanto, é importante revisar bem o texto antes de se dirigir ao estúdio de gravação.
4) b. Comentário: A voz sempre vai ser um código de comunicação capaz de emocionar, comover, animar, atrair ou provocar rejeição, não apenas por características como tom e timbre mas também pela forma de interpretação sonora.
5) e. Comentário: A repetição, no áudio, é necessária em virtude de fatores que foram vistos no decorrer do livro: o excesso de informação que concorre com o som, a forma desatenta de consumo das rádios e a efemeridade da mensagem. Por exemplo: um ouvinte, no carro, escuta que haverá um espetáculo que lhe interessa e fica atento para anotar os detalhes, mas o *spot* não os repete – nem a data nem o local de compra dos ingressos. Assim, o anunciante acaba perdendo um possível cliente, que, se não for fiel ao produto, pode não buscar a informação posteriormente.

Capítulo 4

Questões para revisão

1) *Jingles* são peças publicitárias musicais que estimulam a memória do consumidor sobre o produto e sobre seu posicionamento.
2) Os principais tipos de *jingles* são: *jingles* de varejo, institucionais e políticos.

3) b. Comentário: Nem sempre citar a utilidade de um produto é eficiente. Há outras formas de se valorizar o anunciante e, nelas, a abstração e o uso das emoções são bastante eficazes. Vários *jingles* apresentados neste livro cantam a alegria de viver ou descrevem a felicidade, a amizade e outros desejos genéricos não relacionados ao produto anunciado diretamente.

4) c. Comentário: Ainda que a produção de *jingles* tenha diminuído – mais por questões conjunturais do que criativas –, esse formato continua sendo um dos mais indicados para favorecer a memorização da marca, pois as emoções que ele provoca em razão de suas características, como ritmo, melodia e letra, podem levar o ouvinte a simpatizar com o anúncio e, inclusive, fazê-lo cantar a música em outros momentos.

5) e. Comentário: Os *jingles* políticos não se restringem às épocas de eleições. Eles podem ser instrumentos para comunicar outras formas de fazer política, como anunciar movimentos sociais, partidos políticos, governos e associações.

Sobre a autora

Luciana Panke tem pós-doutorado em Comunicação Política pela Universidad Autónoma Metropolitana – UAM (2014), do México. É doutora em Ciências da Comunicação pela Universidade de São Paulo – USP (2005), mestre em Letras pela Universidade Federal do Paraná – UFPR (1999) e graduada em Comunicação Social pela Pontifícia Universidade Católica do Paraná – PUCPR (1994). É professora de graduação em Publicidade e Propaganda e do Programa de Pós-Graduação em Comunicação da UFPR. Atualmente, é diretora de Comunicação Institucional e Marketing e coordena o Grupo de Pesquisa Comunicação Eleitoral (CEL), ambos da UFPR. Tem mais de 50 capítulos e livros publicados, entre os quais *Lula, do sindicalismo à reeleição: um caso de comunicação, política e discurso* (2010, em português, e 2015, em castelhano) e *Campañas electorales para mujeres: retos y tendencias* (2015, 2018), traduzido para o português e publicado pela Editora da UFPR (2016), cuja primeira reimpressão data de 2017. Foi eleita uma das 12 mulheres mais influentes da comunicação política do ano de 2016 pela The Washington Academy of Political Arts and Sciences (Wapas).

Os papéis utilizados neste livro, certificados por instituições ambientais competentes, são recicláveis, provenientes de fontes renováveis e, portanto, um meio **respons**ável e natural de informação e conhecimento.

FSC
www.fsc.org
MISTO
Papel produzido
a partir de
fontes responsáveis
FSC® C103535

Impressão: Reproset
Janeiro/2019